차, 예술을 마시고 문화를 우려내다

이흥재 지음

책봄

머리글

차 한잔의 우주

바쁜 하루의 틈 사이, 잠깐의 여백조차 허락되지 않는 시대를 지금 우리가 산다. 아침엔 잠을 이기기 위해 커피를 찾고, 오후엔 버티기 위해 또 한 잔을 따른다. 카페인으로 움직이고, 속도에 중독되고, 타인의 시선과 일정에 따라 걷는다. 그 모든 박동소리 속에, 조용히 꿈틀대는 갈망이 있다. 더 느리고, 좀 더 깊고, 좀 더 나다운 무언가를 원한다.

차를 마신다는 건 단지 목을 적시는 일이 아니다. 그것은 시간을 음미하는 일이며, 마음을 조율하는 일이고, 결국 나 자신을 다시 만나는 일이다. 나는 그 느림의 시간을 일상으로 받아들이고 싶지만 현실은 그러지 못한다. 차 한 잔 내려 마실 여유조차 사치로 느껴지는 나날 속에서, 마음속엔 언제나 그런 장면을 그린다. 맑은 창가에 앉아 찻잔을 기울이며, 어제의 분주함을 천천히 씻어내고, 오늘의 나를 가만히 들여다보는 일. 그 조용한 사치를, 나는 오래도록 동경해왔다.

처음엔 잎 하나, 물 속에 떠서 나를 보고 있었다. 그저 맛이 궁금했다. 녹차의 쌉쌀함, 보이차의 깊은 흙냄새, 홍차의 기품 있는 여운. 그런데 마시면 마실수록, 차는 단순한 음료가 아니었다. 처음 쓴 맛이, 나를 오히려 부드럽게 했다. 대하면 대할수록 그것은 오래된 지식이었고, 겹겹의 문화였고, 조심스럽게 이어온 삶의 방식이었다. 찻잎 하나에 계절이 담겨 있고, 우리는 그 계절을 우려내어 마신다. 그리하여 차는 오늘도 어제와 이어지고, 나와 너를 엮고, 개인을 넘어 공동체와 문화를 잇는 다리가 된다.

  생각은 점점 뻗어나간다. 이왕 차를 마시는 거라면, 제대로 알고 마시고 싶었다. 더 나아가, 내가 마시는 이 차가 나와 우리가 사는 이 땅과 어떻게 맞닿아 있는지도 궁금해진다. 우리는 누구의 잎을 마시고 있는가. 그 찻잎은 어떤 땅에서 자라고, 어떤 손에서 따여, 어떤 불 위에서 볶여 나에게 왔는가. 커피에 중독된 세대 속에서, 우리 차의 주체성은 어떻게 살아남고 있는가. 우리의 차 문화는 앞으로도 계속될 수 있을까.

  이 책은 그런 물음에서 시작되었다. 단순한 차 마시기의 기록이 아니라, 차를 통해 삶을 바라보고, 공동체를 되짚고, 우리 문화의 근간을 돌아보는 일. 찻잎처럼 가볍고도 단단한 이야기들을 모았다. 마치 오래된 다완에 담긴 따스한 물처럼, 사라지지만 사라지지 않는 온기를 담아내고자 했다. 차를 마시는 내가 아니라, 차처럼 살아가는 내가 되고 싶었다. 차를 마시는 것이 목적이 아니라, 그냥 삶의 한 방식이었다. 나는 이제 조용히, 천천히, 그리고 따뜻하게 살아보고 싶다는 생각으로 정리되었다.

책장을 넘기고 있는 그대가 꼭 차를 좋아하지 않아도 좋다. 다만 이 책이, 하루를 버티는 카페인 대신, 하루를 음미하는 여유를 떠올리게 하기를 바란다. 복잡한 세상 속에서도 한 모금의 고요를 마실 수 있다는 것, 그 느리고 단단한 믿음이 이 책을 이루는 힘이다.

그래서, 찻잔을 든다. 삶을 가만히 내려놓고, 다시 차오르기를 바라는 마음으로. 찻잔 하나에도 마음의 자리가 생긴다. 이 작은 잔 안에서, 나와 우리가 만날 수 있기를 바란다. 말보다 느리고, 침묵보다 따뜻한 차 한 잔으로.

그리고 보면, 우리는 참 많은 것을 빠르게 소비한다. 음식도, 뉴스도, 관계도, 감정도…

그런데 차는 다르다. 물을 끓이고, 잎을 덖고, 기다리고, 천천히 따른다. 마시는 것도 급할 수 없다. 뜨겁기 때문이다. 삶이 차처럼 뜨거웠다면, 우리도 그렇게 서두르지 않았을까. 천천히 들이키고, 조심히 음미하고, 가끔은 멈춰야 했을 것이다. 하지만 우리는 미지근한 시간 속에서, 익숙한 피로에 휘둘리며 차가워진 마음을 들고 살아간다.

이 책이 품고자 한 건 단순한 차의 미학이 아니다. 차를 중심에 두되, 그 안에서 인간과 시간, 지역과 전통, 미래와 정체성에 이르는 길을 따라가 보려 했다. 이른바 '차를 매개로 한 생의 재정비.' 거창한 말이지만, 결국은 아주 사적인 시작이었다. 하루에 단 한 번이라도, 세상이 아닌 나의 호흡으로 살아보자는.

우리는 늘 누군가의 시간 속에서 살아간다. 회의 시간, 약속 시간, 마감 시간. 하지만 차를 우리는 시간은 조금 다르다. 그건 온전히 나를 위한 시간이고, 타인을 위한 여유이며, 기억을 위한 통로이기도 하다.

그래봤자 차도 결국은 마시는 거고, 그냥 음료일 뿐이라고 말하는 이도 있을 것이다. 맞다. 하지만 동시에, 그 '음료' 안에는 농부의 손끝, 계절의 순환, 전통의 맥, 그리고 당신이 그토록 잃어버린 집중과 감각이 들어 있다. 오래된 찻잔에는 오래된 사람들이 산다.

이 책을 펼치는 당신도 아마 느낄 것이다. 처음엔 조금 낯설고, 그러다 익숙해지고, 어느 순간, 마음이 잔잔해진다는 것을.

그건 내가 쓴 문장 때문이 아니라, 차가 가진 고요함 때문이다. 그래서 이제 묻는다. 이렇게나 바쁜 당신은, 왜 지금 이 문장을 읽고 있는가? 무엇을 피하고 싶은가, 혹은 무엇을 되찾고 싶은가. 혹시, 나처럼 마음속에 이런 생각을 품고 있는가?

"이왕이면, 나, 우리, 공동체, 사회문화가 차를 매개로 의미 있게 유지되면 좋겠다."

바로 그 생각이 이 책의 출발점이자 도착점이다. 이 문장 하나에 내 마음의 대부분이 걸려 있다. 마치 찻잔 하나에 우주의 진심이 담기듯이.

그러니 이제라도 찻주전자에 물을 올리고, 숨을 고르고, 이야기를 시작해보자.

차는 나무에서 온다. 나무의 잎, 나무가 만든 그늘, 뿌리가 뻗은 땅의 향기. 차 한 잎에는 하나의 숲이 담겨 있고, 우리는 그것을 우려내어 마신다. 차를 마신다는 건 자연을 마시는 일이고, 나무의 시간에 귀 기울이는 일이다. 대형화된 농업 시스템과 속도 중심의 산업 구조 속에서 잎이 자라날 시간, 뿌리가 퍼질 여유는 점점 사라져간다. 그 속에서 여전히, 햇살을 품은 찻잎을 손으로 따는 이들이 있다. 비를 기다리고, 안개를 맞으며, 계절의 흐름을 온몸으로 감지한다. 차는 사계절을 통째로 기억한다. 우리는 그 기억을 한 잔에 우려낸다. 계절마다 다른 차를 마신다는 건, 나를 계절에 맞춰 사는 일이다. 차는 봄처럼 맑고, 가을처럼 깊다. 그 시간과 잎 따는 이들의 손끝이 모여 한 잔의 차가 된다.

차는 더 이상 단순한 음료가 아니다. 그건 인간과 자연이 맺는 마지막 신뢰일지도 모른다.

파괴가 아니라 순환을, 소유가 아니라 기다림을 배우게 하는 과정. 내가 차를 마시며 떠올린 건 결국 '살아가는 방식'이었다. 우리는 자연을 소유할 수 없고, 숲을 가두어둘 수 없다. 그저 찻잔에 담긴 만큼만 허락된 시간을 마신다.

그 소중함을 기억하며.

치유가 그리 대단한 것은 아니라고 본다. 찻주전자에서 물을 흘려 내리고 또 멈춘다. 거기서 치유가 시작된다. 치유는 반복 속에 숨겨진 조용한 변화다. 뜨거운 물 위에 핀 고요함을 보았는가. 치유는 대단한 사건이 아니라, 물 끓는 소리를 듣고 그 물김을 보는 일이다. 잔잔한 물김처럼, 상처도 가라앉는다. 그렇게 하며 낯선 온기가 내 안의 무너진 부분을 덮는다. 처음 마신 쓴맛이, 내 마음에 문을 열었다 닫는다. 차 마시는 행위로 치유의 루틴을 삼는다면 다행이다.

　사람들은 힐링 힐링을 입에 달고 산다. 힐링이란, 무언가를 더 하는 것이 아니라 덜어내는 것이다. 평온은 찾는 것이 아니라 돌아가는 것이다. 그래 힐링이란 본래 내 안에 있었다. 따뜻한 햇살 아래서 조용히 차를 마시는 것을 삶의 정수라고 본다. 그러면서 감각을 되찾는 일, 바람의 결, 햇빛의 온도, 찻물의 향을 느끼는 것이다. 회복은 뿌리가 내리는 시간이다. 겉으로 보이지 않아도 자라고 있어, 하루가 버거울 땐, 한 잔의 차와 긴 들숨과 날숨이면 충분하다. 그도 저도 어렵다면, 나무처럼 고요하게 서 있는 것, 그 자체가 치유고 힐링이다. 몸을 쉬게 하며 마음을 쉬게 하는 용기가 필요할 것 같지는 않다. 빛은 늘 거기 있었는데, 우리가 눈을 감고 있어 몰랐을 뿐이다. 힐링은 순간이 아닌 습관이다. 매일의 작고 느린 연습으로 이를 수 있다.

　우리는 차를 매개로 사람을 만난다. 대단한 목적도, 급한 성과도 없다. 단지 같은 시간에 같은 물을 마신다는 것. 그 느슨하고도 정직한 접점이 사람을 연결한다. 차는 네트워크의 속도를 늦추고, 관계의 밀도를 높인다. 말없이 앉아 찻잔을 주고받는 시간은, 때로는 백 마디 말보다 더 많은 것을 공유하게 만든다. 이런 만남이 쌓여가면, 어느새 차는 '취미'나 '여유' 그 이상이 된다.

　차를 사이에 둔 관계는 격식과 위계가 아닌, 공감과 기호를 중심으로 엮인다. 그 속에서 자연스레 '네트워크 자본'이 형성된다. 억지로 묶인 조직이 아니라, 찻잎처럼 흩어지되 다시 모이는 관계. 차는 그런 유연한 공동체를 가능하게 한다.

　그 과정을 통해, 삶의 결도 조금씩 다르게 비춰진다. 경쟁과 효율, 성과로 짜인 일상의 섬유질에 한 올씩 느림과 쉼, 연결이라는 새로운 실이 들어선다. 내가 보는 삶의 표면이 달라지고, 관계의 질감이 깊어진다. 결국 차를 마신다는 건 단지 '혼자만의 여유'가 아니라, '함께하는 결'을 짓는 일이다. 조용히, 그러나 분명히. 혼자 마시는 차는 조용한 대화다. 상대는 나고, 질문은 향기다. 나 혼자만의 자리는 고독이 아니라 고요였다. 차 생활이 그렇게 가르쳐줬다. 혼자라는 시간은 나를 덜어내는 연습이기 때문이다.

　어느 날 문득, 차가 싫어질 일은 없을 것 같다. 유행처럼 왔다가 사라지는 취향도 아니고, 허기를 채우듯 급히 삼키는 자극도 아니다. 차는 조용히 다가와, 오래도록 곁을 지키는 존재다.

　어쩌면 그것이 차가 가진 가장 큰 매력이다. 버림받지 않는 취향, 쉽게 닳지 않는 위로.

　갑자기 저렴한 시간 소비 방식으로 되돌아갈 일도 없겠다. 불꺼진 방에서 스마트폰에 불을 밝히고, 빠르게 스크롤을 내리며 무의미한 무언가를 '보는' 대신, 나는 여전히 물을 끓이고 찻잎을 우린다.

그 과정이 때로는 불편하고 느릴지라도, 그 안에 담긴 밀도는 어떤 콘텐츠보다 단단하다. 처음엔 돌아온 시간을 되돌아보며 마시는 게 차인 줄 알았다. 회고와 반성, 여운의 음료쯤으로 여겼다. 하지만 마실수록 알게 된다. 차는 '과거의 음미'가 아니라 '미래의 입장'이다. 그 잔잔함이 앞길을 정리하고, 마음을 열며, 결국 나를 앞으로 나아가게 만든다.

차는 단순히 멈추는 음료가 아니다. 조용히 전진하는 방식이다.

찻물은 끓고, 나는 나아간다.

찻잎은 가라앉고, 마음은 떠오른다.

차를 마시다 보면, 누군가는 말한다. 함께 수련하는 도반이라고, 삶을 인도하는 스승이라고, 미래를 밝혀주는 희망의 기호라고. 하지만 나는 그렇게 거창하게 말하지 못하겠다. 차는 나에게, 그저 내 안을 들여다보게 해주는 어떤 고요일 뿐이다. 찬물처럼 명료한 설명이 붙지도 않고, 불꽃처럼 격렬한 감정이 터지지도 않는다.

다만 조용히, 아주 천천히 내 안에 무언가를 풀어놓는다. 말로 다 할 수 없는 감정들, 정리되지 않은 생각들, 마음 한 구석에서 묵은 채로 엉켜 있던 것들이 차를 마시는 그 짧은 순간에 슬며시 고개를 든다.

그래서 나는 생각한다. 차는 나를 치유하는 '그 무엇'이다. 하지만 그게 정확히 무엇인지, 아직 알 수는 없다. 이건 병명 없는 치유이고, 처방 없는 회복이다. 그래서 더 자주 마셔보려 한다. 좀 더 나를 알아가기 위해서.

이름 붙이지 않아도 되는 위로를, 차는 조용히 건넨다.

빠르게 증발하는 오늘의 시간 속에서 한 잔의 차를 우려내며 스스로를 돌아보고, 타인과 느슨히 연결되며, 삶의 결을 달리 인식하는 그 경험을 붙잡고자 했다. 숲과 계절, 사람과 마음, 그리고 나라는 이 작은 우주까지. 차는 조용히 흘렀고, 나는 그 곁을 걸었다. 이 책은 그런 마음에서 출발했고, 그 고요한 걸음의 끝에서 매듭을 지었다.

차는 나에게 도반도, 구도자도 아니었다. 그보다는 내 안의 소음을 가라앉히는 침전물이었고, 이름 붙일 수 없는 치유의 형태였다. 그래서 나는 그것을 계속 마시려 한다. 무엇인지 다 알기 위해서가 아니라, 모르는 채로도 깊어질 수 있다는 걸 믿기 때문에.

이제 이 책을 덮으며, 나는 묻는다.

당신의 찻잔은 오늘 무엇을 담고 있는가.

그 잔에 비친 당신의 마음은, 과연 어떤 표정인가.

말 없는 차가 전해주는 그 조용한 울림이,
읽는 당신의 하루에도 오래 머물기를 바란다.

이 생각 모음이 책으로 나오게 되도록 힘써준 분들이 참 많아 여기에 감히 올려 감사를 드립니다. 차에 입문하는 길을 열어준 곽미숙 박사님, 함께 차담을 나누며 생각을 보탠 정상철 교수님께 감사합니다. 책으로 쓰도록 격려해 주신 부길만 교수님, 이복규 교수님, 한은희 대표님께 감사드립니다. 늘 원고를 읽고 진지하게 의견을 주시는 노은희 교수님께 감사드립니다.
소중한 말씀들 모두 다 귀한데도 제대로 담지 못해 미안한 마음도 큽니다.

은퇴 후에 만든 호 오완(悟碗),
차 한잔을 대할 때마다 생각하는 삶이 더 깊어질 듯하다.

2025년 초여름 이홍재 씀

차 례

story 1 차, 고통을 풀어주는 잎

1장 고통을 마주하는 인문학 — 18
- 몸과 마음에 불어닥친 휘몰이 충격 …… 22
- 치유? 억제가 아닌 회복으로 살기 …… 26

2장 '차 한잔의 향기' 치유의 시작 — 30
- 찻잎의 본질을 읽다 …… 32
- 차나무, 고통에 반응하는 식물 …… 34
- 차의 성질 : 따뜻함, 순화, 기혈순환과 감정의 안정 …… 38

story 2 몸과 맘을 바꾸는 마법

3장 차, 몸에 녹아드는 약 — 44
- 치유의 비밀 : 카테킨, 테아닌, 플라보노이드 이야기 …… 45
- 정신줄 꽉 잡아주는 심플 매직 …… 47

4장 숨이 짧은 날, 차는 길게 안아준다 — 54
- 불면과 불안 : 캐머마일, 라벤더, 녹차 …… 55
- 염증과 통증 : 강황차, 생강차, 어성초 …… 58
- 소화 장애와 피로 : 매실차, 국화차, 페퍼민트 …… 63

5장 차와 몸의 짝 춤 ─────────── 68
- 일상을 조율하는 차의 기술 …………………… 69
- 상황 따라, 체질 따라, 새 동반자 …………… 71

story 3 예술을 마시고, 문화를 우려내다

6장 차의 미학과 정신문화 ─────────── 80
- 차 문화의 철학과 정서 ………………………… 81
- 조용함, 비움, 느림 ……………………………… 85
- 감각을 일깨우는 차의 손길 …………………… 88

7장 예술로서의 차 경험 ─────────── 92
- 다도와 다례 : 의례적 구조와 예술성 ………… 92
- 차와 문학, 서화, 영화 : 감성의 이완과 정서적 해방 …… 96
- 현대적 재해석과 창작의 확장 ………………… 103

8장 몰입과 예술치유 프로그램 ─────────── 105
- 차 명상, 스케치, 향차 …………………………… 106
- 정화, 셀프 케어, 예술치유 ……………………… 110

story 4 지나온 시간, 마주 앉은 공간, 이어진 사람

9장 삶의 질, 인생의 질 ──────── 118
- 차향과 취향 : 감정의 존중 ………………… 119
- 정서조율과 테라피 ……………………… 123

10장 함께 마시는 차, 공동체의 회복력 ──── 129
- 공감언어 : 느린 대화, 정서적 교감의 촉매 …… 131
- 차 중심 돌봄공동체, 티살롱, 치유카페 ……… 133

11장 시간의 연대 : 만들어진 전통, 만들어 갈 전통 ── 142
- 전통문화, 차문화 : 함께 살아내는 작은 실천 … 145
- 미래문화유산 차문화 : 해석과 적용 ………… 146
- 전통을 넘고, 세상과 닿다 ………………… 149
- MZ세대의 차 문화 ……………………… 153

12장 지속가능한 세상, 차 문화 상상력 ──── 160
- 지역과 자연을 연결하는 차 생태문화 ……… 162
- 삶의 균형 : '생활치유 문화' 만들기 ………… 166
- 왜 우리는 균형을 잃었는가? ……………… 167
- 미래의 차 생활과 산업 …………………… 171

부록

story 1

차, 고통을 풀어주는 잎

찻잎은 고통을 서서히 풀고
다완 하나, 조용히 그 일을 맡는다.
향기처럼 번지는 치유의 시작

1장
고통을 마주하는 인문학

　고통은 인간이 존재하고 있다는 근원적인 징표다. 자기를 둘러싼 시간과 공간 안에서 고통은 필연이다. 시간은 고통을 생성하고, 공간은 고통을 구체화한다. 인간은 이 두 차원 속에서 끊임없이 고통을 경험하고 해석하려 애쓴다. 이 과정을 기록하고 사유하는 장르가 바로 인문학 아니겠는가.
　먼저 시간의 흐름으로 보면, 고통은 과거의 상처, 현재의 아픔, 미래의 불안으로 이어간다. 과거는 트라우마를 남기고, 현재는 그 트라우마를 반복 재생산한다. 미래는 과거와 현재의 고통을 기반으로 공포를 설계한다. 이처럼 우리는 시간 속에서 고통을 기억하며, 그 기억은 개인의 정체성과 밀접하게 얽힌다. 기억하는 능력이 클수록 그 고통도 크다. 기억은 시간의 흐름을 뛰어넘어 고통을 심화시키기도 하고, 때로는 승화시키기도 한다.
　공간의 차원에서 고통은 더 구체적이고 가시적인 형태로 나타난다. 감옥, 병원, 전쟁터 등은 인간 고통이 집약된 곳이다. 여기에서는 권력이 신체를 통제하며 공간적 구조를 잔인하게 세분화한다. 그래서 인간의 고통은 원천적으로는 개인문제이지만 요즘은 사회적으로 조직되고 관리된다고 본다. 인간은 단순히 자연적 고통만을 경험하는 것이 아니라, 이처럼 인위적으로 조성된 공간 안에서 제도화된 고통을 겪는다. 그러다 보니, 공간은 고통을 분산시키는 동시에 증폭시키는 이중적 기능을 갖는다.

시간과 공간이 교차하는 지점에서 인간은 고통을 인식하고 해석하려 한다. 문학, 철학, 예술은 이 해석의 결과물이다. 철학자는 인간의 고통을 신학적 문제로 끌어올려놓고 보고, 소설가는 무의미하고 부조리한 고통을 묘사한다. 화가는 정신적 고통을 색채와 형태로 승화시킨다. 예술은 고통을 미적으로 변환하는 수단이기도 하다. 가장 비현실적인 고통을 가장 현실적인 것처럼 보여주려 애쓴다. 인문학이나 문화예술은 이처럼 고통을 단순한 생물학적 반응이 아닌, 해석되고 성찰될 수 있는 문화적 산물로 다룬다. 불편하지만 고통을 적나라하게 보여주면서 자기 할 말을 하고 있다. 치유를 전제하면서 말이다.

시간 · 공간 · 인간의 3간에 얽힌 고통

누구에게나 삶이 고통스러운 순간은 많다. 그런데도 그 고통을 잔인하게 펼치는 것은 자기자신이다. 가장 아픈 순간은, 외부에서 오는 상처가 아니다. 타인의 말이나 세상의 냉정함보다 더 깊은 고통은, 내가 나 자신을 찌르는 순간에서 비롯된다. 우리는 생각보다 쉽게, 그리고 잔인하게, 스스로를 공격한다. 어쩌면, 세상이 나서기 전에, 이미 우리는 자신에게 칼끝을 겨누고 있다. 스스로에게 상처를 주는 인간들 그 누구도 우리를 "완벽해야 한다"고 강요하지 않았다.

그럼에도 우리는 매 순간 자신을 심판한다. 왜 이렇게밖에 못했을까. 나는 역시 부족해, 다른 사람들은 잘하는데, 왜 나는 이 모양일까.

이 말들은 조용히, 그러나 깊게 마음을 찢는다. 세상이 나를 미워하기도 전에, 나는 스스로를 미워한다. 이런 자기 공격은, 처음엔 작은 실망에서 시작된다. 하지만 시간이 쌓이면, 나는 사랑받을 자격이 없다는 믿음으로 굳어진다.

결국, 상처를 준 것은 세상이 아니라, 나 자신이었다는 사실 앞에 서게 된다. 왜 우리는 스스로를 찌르는가. 그 이유는 다양하다. 그러나 그 밑바닥에는, 한 가지 공통된 두려움이 있다.

나를 미리 공격해서, 세상의 공격을 피하려는 방어본능 아닐까. 내가 먼저 나를 비난하면, 누군가의 비판이 덜 아플 것 같기 때문이다. 만약 내가 먼저 나를 낮추면, 세상의 냉정함 앞에서 덜 깨질 것 같기 때문이다. 아이러니하게도, 이 방어는 우리를 지키지 못

자기 연민의 기술

모든 상처는 고요를 두려워한다. 고요는 상처를 드러낸다. 그래서 우리는 더 바쁘게 움직이고, 더 많은 것을 하려 하고, 더 큰 소리로 웃는다. 일종의 자기위로처럼 보이지만 실은 자기기만이다. 그러나 신기하게도 어느 순간 모든 '가짜 위로'가 무너진다. 짧은 시간 동안에 나는 피할 수 없는 진실과 마주하게 된다. 나는 나에게 너무 가혹했다는 것을 깨달으면서…

상처를 넘기는 작은 기술이라고 생각했던 자기연민은 약함이 아니다. 가장 강한 형태의 용기다. 바로 내가 나를 아프게 했다는 사실을 인정하는 것. 그리고 "괜찮아, 너도 힘들었지"라고 말해주는 것. 이 두 가지가 합쳐질 때, 비로소 우리는 고통을 넘긴다.

나는 스스로에게 이렇게 말할 수 있어야 한다.
"괜찮아. 지금까지 잘 버텨왔어. 조금 부족해도 괜찮아."
"지금 이 감정도 곧 지나갈 거야."
여기서 중요한 포인트는 감정은 밀어내야 사라지는 것이 아니라는 점이다. 감정은 품어줄 때, 조용히 흐른다.

스스로를 다독이는 연습. 상처를 넘기는 연습은 거창하지 않다. 거의 보이지 않을 정도로 작고, 부드럽다. 자기 자신에게 친절한 한마디 건네기. 실패했을 때 스스로를 비난하는 대신, "시도한 나"를 칭찬하기. 이런 사소한 연습들이 쌓여서, 우리는 조금씩 달라진다.

누군가의 비판 앞에서도, 완벽하지 않은 내 모습 앞에서도, 쉽게 무너지지 않는다. 상처를 완전히 피할 수는 없다. 하지만 상처를 나 스스로 키우지는 않을 수 있다. 세상은 차갑다. 그러나 우리가 스스로에게 따뜻할 수 있다면, 그 차가움은 문제되지 않는다. 나를 용서하는 것은 나를 포기하는 게 아니다. 오히려, 나를 더 깊이 사랑하는 방법이다.

"괜찮아. 조금 느려도, 조금 아파도, 괜찮아."

그렇게, 우리는 자기에게 상처낸 칼을 스스로 내려놓는다. 그 순간 상처는 흐르고 고통은 넘어간다. 그리고 우리는, 조금 더 온전한 자신으로 돌아간다.

한다. 오히려 우리를 천천히, 그리고 깊게 무너뜨린다.

스스로를 향한 폭력은, 세상의 폭력보다 오래 간다. 지워지지 않는 상흔이 된다. 이쯤에서 필요한 것은 바로 '우아한 자기연민' 아닐까.

몸과 마음에 불어닥친 휘몰이 충격

인간은 고통을 단순히 견디며 보내지는 않는다. 찾아와 준 고통을 통해 자신과 세계를 이해하고, 타인과의 관계를 재구성한다. 고통받는 다른이의 얼굴을 마주할 때 우리에게는 윤리적 책임이 발생한다. 인간 존재는 타자의 고통을 인식하고 응답하는 방식으로 완성된다. 이쯤되면 고통은 개인적 경험을 넘어 윤리적 사건이 된다.

동시에 고통은 인간의 자유를 시험하는 장치이기도 하다. 인간은 고통을 선택하고, 그 선택에 책임을 진다. 고통이 없었다면 자유는 공허한 개념이 되었을 것이다. 인간은 고통을 통해 스스로를 존재로서 입증한다.

그러나 현대사회에서 고통은 혼자 오지 않는다. 그래서 이웃에 폐끼치지 않으려고 가급적 고통을 은폐하려 한다. 현대 사회 발달과 함께 기술은 고통을 최소화하고, 소비문화는 고통을 잊게 만든다. 이런 경향때문에 인간은 고통에 대한 사유로부터 멀어지게 한다. 고통을 부정하거나 무시하는 태도는 인간성을 약화시킨다. 인문학은 이러한 흐름에 저항하며 고통을 다시 사유의 중심에 놓으려 한다.

결론적으로 고통은 시간과 공간, 인간이라는 세 차원의 교차점에서 탄생하고 의미를 가진다. 고통은 인간 존재의 부정적 증거가 아니라, 오히려 인간됨의 긍정적 징후다. 인문학은 고통을 통해 인간의 심연을 파헤치고, 존재의 깊이를 탐구한다. 고통은 인간이 시간 속을 걷고, 공간을 뛰어 건너며, 세계와 마주하는 방식 그 자체이다. 그러므로 고통은 단순한 불행이 아니라, 인간 삶의 가장 깊은 층위에 위치한 의미의 원천이다.

오늘날 우리는 사회문화적 '휘몰이 고통' 속에서 살아간다. 끊임없이 몰아치는 정보, 비교, 불안, 그리고 압박은 인간의 몸과 마음을 거칠게 후벼판다. 사람들은 쉬지 못하고, 쉬어야 한다는 사실조차 잊은 채, 앞으로 내몰린다. 이 고통은 단순한 개인적 불행이 아니라, 집단적이며 사회구조적인 상처다. 사회 구성원 개인의 고통은 사회적 산물이다. 사회공동체의 숙제로 인정하고 함께 풀어야 한다.

그런데 가장 안타까운 사실은 휘몰이 고통이 인간의 신체를 가장 먼저 무너뜨린다는 점이다. 과로와 스트레스, 만성 피로와 불면은 오늘날 일상이 되었다. 몸은 경고신호를 보내지만, 사람들은 이를 무시한다. 아직은 괜찮다는 자기기만 속에서, 몸은 조금씩 부서지고 있다. 현대인은 노동 기계처럼 기능하도록 강요받는다. 생명은 가치가 아니라 때로는 생산성으로 평가되고 있다. 인간이 몸을 돌보는 것이 아니라, 몸이 인간을 버티게 만든다.

마음은 더욱 깊은 상처를 입는다. 끊임없는 비교와 평가의 잣대는 자존감을 질식시킨다. 타인의 성공은 나의 실패가 되고, 타인의 행복은 나의 결핍이 된다. SNS를 통해 과시되는 타인의 삶은 거대한 거울이 되어, 스스로를 초라하게 만든다. 현대인은 자신의 고통을 감추고, 꾸며낸 미소를 공유하는 데 익숙해졌다. 외로움은 이제 더욱 깊어지고, 마음은 갈 곳을 잃게된다.

휘몰이 고통은 인간 관계에도 균열을 만든다. 경쟁은 타인을 동료가 아니라 적으로 만든다. 연대는 사라지고, 각자도생의 냉혹한 논리가 지배한다.

사람들은 서로를 이해하기보다는, 평가하고 소비한다. 상처받은 마음은 다시 타인을 상처 입히며, 고통의 악순환은 반복된다. 이 모든 상황은 마치 폭풍처럼 인간을 휩쓸어버린다.

이 고통은 결코 참고 넘길 일이 아니다. 무시한다고 사라지지 않는다. 오히려 덮어둔 고통은 마음의 깊은 곳에서 곪아, 언젠가 더 큰 붕괴를 불러온다. 그러므로 우리는 고통을 똑바로봐야 한다. 그것이 지혜로운 회복의 출발점이다.

회복은 고통을 부정하는 것이 아니라, 고통을 인정하고 끌어안는 것에서 시작된다. "나는 아프다"고 말할 수 있어야 한다. 그것은 약함이 아니라, 용기다. 고통을 말할 수 있을 때, 비로소 우리는 고통을 넘어설 수 있다. 인간은 부서지면서도 다시 일어서는 존재다. 상처는 인간의 부끄러움이 아니라, 존재의 증거다.

그래서 먼저 자기 몸을 돌보는 것이 확실한 회복의 지혜다. 쉬는 것을 미루지 말아야 한다. 충분히 자고, 느긋하게 걷고, 숨을 깊이 들이마셔야 한다. 몸이 망가지면 마음도 따라 무너진다. 몸은 단순한 기계가 아니다. 몸은 인간의 첫 번째 집이다. 집이 무너지면 어디에도 머물 수 없다.

또한, 마음을 돌보는 것도 필수적이다. 비교를 멈추고, 자신의 고유한 리듬을 존중해야 한다. 완벽하지 않아도 괜찮다. 느려도 괜찮다. 지금 이 자리에서 숨 쉬고 있는 것만으로도 충분히 의미가 있다. 타인의 시선은 거두고, 자신의 고통에 귀 기울여야 한다. 마음은 들려줄 이야기가 많다. 그 이야기를 무시하면, 마음은 점점 말라간다.

가장 중요한 것은, 함께 울 수 있는 존재를 찾는 것이다. 혼자서는 회복할 수 없다. 고통을 나누는 순간 절반이 된다. 누군가의 어깨에 기대어 울 수 있다면, 그 자체로 이미 치유가 시작된 것이다. 우리는 서로의 상처를 어루만질 수 있는 존재다. 인간은 인간을 통해 회복된다.

오늘날 우리 사회속에 가득찬 휘몰이 고통은 생각보다 더 크고 강력하다. 하지만 인간의 회복력은 그보다 더 깊고 끈질기다. 고통을 부끄러워하지 말고, 상처를 숨기지 말자. 울어도 된다. 넘어져도 된다. 중요한 것은 다시 일어나는 것이다. 그리고, 우리 모두가 누군가의 일어섬을 함께 축복할 수 있다면, 이 세상은 여전히 살 만한 곳이다.

치유? 억제가 아닌 회복으로 살기

치유란 무엇인가? 치유는 억제가 아니다. 억제는 고통을 감추고, 침묵시키고, 외면하게 만든다. 억제는 고통과 끊임없이 내전을 벌이는 일이다. 그러므로 억제도 치유가 아니다. 진정한 치유는 회복이다. 억제가 아니라 다스림이다. 고통을 밀어내는 것이 아니라, 고통을 끌어안고 삶의 일부로 받아들이는 것이다.

우리는 오랫동안 고통을 적으로 여겨왔다. 고통은 없애야 하고, 부정해야 하고, 참아야 할 것으로 간주되었다. 그러나 억제만으로는 고통을 없애지 못한다. 오히려 마음 깊숙이 숨겨진 고통은 언젠가 더 큰 상처로 터져 나온다. 억제는 인간을 스스로와 싸우게 만든다. 자신의 일부를 혐오하고, 존재 자체를 분열시킨다.

회복으로서의 삶은 다르다. 회복은 고통을 인정하는 데서 시작된다. "나는 아프다." 이 한마디를 용기 내어 말하는 것, 그것이 치유의 첫걸음이다. 고통을 인정할 때, 우리는 더 이상 고통과 싸우지 않는다. 대신 고통과 대화하고, 고통을 이해하며, 고통 속에서도 숨 쉬는 법을 배운다. 회복은 고통을 지우려 하지 않고, 고통 속에서도 삶의 의미를 찾는다.

고통을 억제하는 삶은 땅속에 묻힌 불씨처럼, 끊임없이 우리를 괴롭힌다. 작은 자극에도 터져버리고, 사소한 실패에도 무너진다. 반면 회복은 우리를 단단하게 만든다. 상처 입은 부분을 품고, 스스로를 다독이며, 조금씩 다시 걷게 한다. 회복은 넘어져도 일어서는 힘, 울면서도 앞으로 나아가는 용기다.

억제는 우리를 고립시키지만, 회복은 우리를 연결한다. 고통을 감추려 할 때 우리는 더욱 외로워진다. 하지만 고통을 드러내고, 서로의 상처를 나눌 때 우리는 다시 인간이 된다. 회복은 공동체의 언어다. "나도 아파." "나도 넘어졌다." 그렇게 우리는 서로를 껴안고, 다시 일어날 힘을 얻는다.

삶은 결코 고통 없는 완벽한 선형이 아니다. 삶은 상처와 흔적, 실패와 눈물로 이루어진 거대한 모자이크다. 억제는 이 모자이크를 부정하고, 깨뜨리려 한다. 회복은 그 모자이크를 있는 그대로 사랑하고, 그 안에서 빛을 발견한다. 부서진 조각들이 모여 하나의 아름다움을 만들어내듯, 우리의 상처도 결국 우리를 완성시킨다.

회복은 속도가 아니다. 회복은 방향이다. 빠르게 고통을 잊어버리는 것이 아니라, 천천히 고통을 껴안으며 나아가는 것이다. 누구도 고통 앞에서 완벽할 필요는 없다. 삐걱거리고, 머뭇거리고, 때로는 다시 넘어져도 괜찮다. 중요한 것은 포기하지 않고, 자신을 다시 일으켜 세우는 것이다.

억제하는 삶은 끊임없는 자기 부정의 연속이다. "이런 감정을 느끼면 안 돼." "아프면 안 돼." 그러나 회복하는 삶은 자기 수용의 여정이다. "나는 지금 아프다. 그래도 나는 살아 있다." 그렇게 우리는 스스로를 끌어안는다. 억제는 생명을 질식시키지만, 회복은 생명을 확장시킨다.

고통은 결코 우리의 적이 아니다. 고통은 우리를 더욱 인간답게 만드는 스승이다. 고통을 겪으며 우리는 깊어진다. 고통 속에서 우리는 연민을 배운다. 고통을 넘어설 때 우리는 진짜 용기를 얻는다. 그러므로 고통을 억제하지 말자. 억제하느라 자신과 싸우느라 지치지 말자. 대신 회복의 다스림으로 고통을 마주하자.

지금 이 순간에도 우리의 삶은 여전히 불완전하다. 여전히 아프고, 여전히 흔들린다. 하지만 그 불완전함 속에서 우리는 살아 있고, 성장하고, 사랑할 수 있다. 그것이 치유다. 억제가 아니라 회복으로, 우리는 매일 조금씩 다시 태어난다.

그러니 용기를 내자. 억제하지 말고, 부정하지 말고, 도망치지 말자. 부서진 마음을 안고서라도 다시 걸어가자. 우리의 상처는 우리의 나약함이 아니라, 우리의 힘이다. 회복은 기다린다.

우리의 작은 발걸음을, 우리의 서툰 일어섬을, 우리의 불완전한 사랑을. 오늘, 다시 시작하자. 회복하는 삶을 위해. 고통을 껴안는 삶을 위해. 우리가 살아 있음을 증명하기 위해.

억제 대신 회복으로 가는 길

　억제를 멈추고 회복으로 가는 길은 감정에게 말을 거는 데서 시작된다. 그동안 조용히 눌러있던 내면의 소리에 왜 그래 라고 묻는 것이다. 다소 불편하고 번거로운 일처럼 들리겠지만, 인간이니까 어쩔 수 없다. 감정은 처리되지 않으면 쌓이고 그 창고는 언젠가 터진다. 상황에 따라 다르겠지만, 회복으로 가는 길을 찾아 나서 보자. 먼저 감정을 솔직하게 기록하자. 하루에 단 5분이라도 기분을 글로 써보자. 아무도 관심갖지 않는 그 글을 쓰는 그 순간 감정은 자기 안에서 인정받는 존재감을 갖는다. 자기 언어로 지은 자기 감정의 집이 생긴 셈이다.

　이제 자기 공감을 가져보도록 하자. 나 자신에게 세상 따뜻하게 다가가서 오늘 정말 힘들었구나라고 다독거려 준다. 뇌는 착각일지 모르지만 이 말을 믿고 억제 대신 위로 방법을 찾기 시작한다.

　그리고는 자연과 만나 놀자. 나무, 산, 물, 맑은 공기와 햇살…, 우리는 원래 자연의 한 부속품이었으니, 정비소에 가는 느낌으로 숲에 가서 걷고 크게 숨 쉬면서 기적 같은 회복을 느껴보자.

　그 사이에 '나 답게' 사는 기분을 편안하게 느끼고 늘려가자. 남의 기대를 따라가려 헤매니까 억제가 나와 고통이 되는 것이다. 이제 부터는 나답게 살자, 하루게 30분만이라도 나답게 누리자. 정말 완벽한 나 다운 시간을 가져본다. 보고 싶었던 만화책을 읽든, 그림을 그리든, 어이없게 이상한 춤을 추든 이 모든 것이 나다움의 정답이다.

　정서적 안전지대를 만들어 보자. 내 속마음을 꺼내 보여줘도 무너지지 않고 곁에 있을 사람 또는 동물이나 식물이면 된다. 화분 하나 사서 이름 붙이고 안전지대로 삼아보는 것부터 시작한다.

　혼자서 애쓰기보다 전문가를 찾는 것은 어떨까. 부끄러운 일이 아니니까 마음의 물리치료사에게 넌지시 건네면 뭔가 답이 올 것이다.

　억제하는 것은 모래 위에 나무를 심는 것이고, 회복은 물기 촉촉한 땅에 나무뿌리를 펼치는 것이다. 물론 회복은 더 낯설고, 귀찮고, 시간이 걸린다. 그래도 회복이 참으로 나를 살리는 길이므로 그 길로 가는 것이 좋겠다.

2장

'차 한잔의 향기' 치유의 시작

단지, 차 한잔에서 치유를 찾겠다니, 참으로 고귀한 여정이다.

혹시 차 속에 치유의 근원이 담겨있는가? 궁금하면, 우선 기원과 식물학적 접근을 바탕으로 차를 이해해야겠다. 온 인류가 밤낮 없이 지쳐가는데, 겨우 잎사귀 하나에서 해답을 찾겠다고? 감동까지야 기대하기 어렵지만, 우선 차분히 생각을 해봐야겠다.

차는 자연과 인간이 교차하는 곳, 그 고요하고도 깊은 공간에서 태어난다. 그래서 '살아 숨쉬는 문명'이다. 그래도, 차를 이해하는 출발점이 식물이라니 사뭇 엄숙하다.

차나무는 '카멜리아 시넨시스(Camellia sinensis)'라는 식물에서 비롯된다. 우리가 마시는 녹차, 홍차, 백차, 심지어 우롱차까지 모두 이 한 종을 원곡으로 해서 나온 변주곡이다. 커피처럼 여러 종이 섞여 있는 게 아니라, 꽤 고집스럽게 하나다.

가볍게 차의 기원을 살펴보자. '시넨시스'라는 말이 중국을 뜻하

찻잎 역사와 신화들

우리나라 차 설화 중 신라 흥덕왕(9세기 경) 때, 당나라에서 사신이 가져온 차 종자를 하동에 심었다는 이야기가 전해오고 있다. 그 뒤 하동은 전통차의 성지처럼 여겨지고 시배지공원을 만들어 두고 있다. 또한 차령(茶嶺)이라는 지명이 있는데 충청북도와 전라북도 사이에 있는 차령고개가 차나무가 자라던 곳이라며 전설로 전해내려 오고 있다. 실질적인 재배 기록은 희박하지만, '차령'이라는 지명 자체는 그런 전승의 흔적일 수도 있다. 백제의 차씨(茶氏)이야기는 백제에서 온 차씨 성을 가진 승려가 신라에 차나무 종자를 전해줬다는 이야기이다. 삼국시대에 백제를 통해 일본에 차가 전해졌다는 기록이 일본 쪽 문헌에 남아 있어서 연결지어 생각해 봄직하다. 우리 차문화는 불교 전래와 함께한 선차(禪茶)를 중심으로 신라나 고려 때 시작되었다고 보는 입장이 대부분이다. 이와 달리 그 뿌리를 가야국에서 찾는 견해도 있다. 가야는 삼국시대와 병존하던 해상 네트워크의 중심지였다. 남해와 낙동강 유역을 기반으로 중국 남조, 일본 열도, 한반도 내륙과 활발한 교역을 벌인 고대 해양국가였다. 그래서 외래 문물과 사상을 수용 변형시켜 실생활에 적용할 수 있었다는 것이다. 김해 대성동 고분, 함안 말이산 고분 등에서 출토된 다양한 주전자형 토기와 제기용 그릇은 단순히 음식 용기를 넘어서, 약초를 다려 마시거나 제사에 사용된 의례용 음료기구였을 가능성이 크다. 이를 두고 일부 학자들은 '차 이전의 차문화' 즉, 달임과 우림(煎煮/浸出)의 문화가 이미 이 시기부터 존재했음을 주장한다. 『일본서기』에는 가야계 도래인들이 철기 기술, 도자기 제작법, 제사 문화, 약초 지식 등을 일본에 전수했다는 기록이 있으며, 이는 오늘날 일본 다도(茶道)의 기초가 되는 정좌, 다기, 수양의례와도 일정한 정신적 연관을 가질 수 있다. 특히 일본 초기의 '약탕(藥湯)' 문화는 가야에서 건너간 약초 음용 문화의 영향 아래 형성되었을 가능성이 있다. 중국에서는 신농씨 전설, 인도에서는 보디다르마 전설이 내려오고 있다. 인도 선종(禪宗)의 시조 보디다르마가 중국으로 건너가 9년간 면벽수행하던 중 졸음을 이기지 못해 눈꺼풀을 잘라버렸고, 그 자리에 찻잎이 자라났다는 전설이다. 일본은 자체 신화보다는 중국에서 전해진 다르마 전설을 받아들여 변형시켜 거의 종교적 의식 수준으로 다도를 꾸몄고, 차는 선불교 수행의 일부로 여기고 있다. 차나무 자체보다 차를 준비하는 '의식'에 집중하고 있다.

차는 졸음을 참지 못해, 또는 실수로 마신 덕분에 인류에게 오늘날 커다란 선물로 내려오고 있다. 찻잎 하나에 우주적 운명을 느끼면서 차를 마시되 가볍게 즐기는 것이 좋지않을까. 상징적 존재인 신농씨는 설화로 남아있지만 중국에서 차의 기원은 여전히 추정일 뿐이다.

는 데서 눈치챘듯이, 차는 5,000년 전 고대 중국으로 거슬러 올라간다. 전설에 따르면, 신농(神農)이라는 인류 최초의 농업 신이 어느 날 72가지 독풀에 중독이 되어 고생을 했다. 그런데, 우연히 끓는 물에 떨어진 차 잎물을 마신 덕분에 살아난 뒤, 이를 음료로 썼다고 한다. 얼마나 편리한 우연인가. 나무에서 떨어진 잎사귀 물이 인류를 구원하다니. 물론 현대 학자들은 이걸 민담 정도로 치부하고, 차는 중국 운남성이나 북인도 지역에서 자생하던 식물에서 발전했다고 본다. 여기가 바로 세계 차나무의 원산지이자 성지다. 이래저래 처음 옮겨심은 곳을 시배지라고 부른다.

찻잎의 본질을 읽다

이제 진짜 식물학으로 들어가 볼까한다. 차나무는 1년 내내 푸른 잎을 가진 키 작은 상록관목이다. 키는 야생이면 515m까지 자랄 수 있는데, 인간들은 수확하기 편하게 잔혹하게 1.2m 정도로 억지로 깎아둔다. 심지어 모양도 동글동글 예쁘게 다듬는다. 인간이란 참 편하려고 부지런하다.

잎은 단단하고 광택이 나며, 끝이 뾰족하다. 맨꼭대기의 잎이 창처럼 깃발처럼 생겼대서 일창이기(一槍二旗)라고 부른다. 이 잎들이 바로 마법의 재료다. 수확한 뒤 어떻게 가공하느냐에 따라 녹차가 될 수도 있고, 홍차가 될 수도 있다. 이건 마치 평범한 밀가

루가 빵, 국수, 케이크가 되는 것과 비슷하다.

차나무는 크게 두 가지 변종으로 이어져 온다. 카멜리아 시넨시스 바 시넨시스(C. sinensis var. sinensis)는 주로 중국과 우리나라에서 재배된다. 잎이 작고 차분한 맛을 낸다. 고급스러운 척 하고 싶을 때 마시면 좋다. 또 다른 변종 카멜리아 시넨시스 바 아삼리카(C. sinensis var. assamica)는 인도 아삼 지방이 고향이다. 잎이 크고, 맛도 더 강하다. "오늘은 정신 차리고 살아야겠다" 싶을 때 추천할만 하겠다. 식물도감에나 나올 이야기는 여기서 줄인다. 이제부터는 '차가 치유다'라는 거창한 주제로 넘어가도록 차의 성분과 치유가 어떻게 연결되는지 살펴보자. 차에는 카테킨, 테아닌, 카페인, 플라보노이드 같은 복잡한 이름의 물질들이 들어 있다. 우리가 이걸 다 외우려들면 삶이 짜증스럽고 거추장할 수 있으므로 간단히 스쳐가자.

카테킨은 강력한 항산화제다. 우리네 소중한 피부를 위해 낡은 세포가 쪼그라드는 걸 막아준다. 테아닌은 신경을 부드럽게 달래주는 아미노산이다. '차를 마시면 편안해진다'는 느낌이 바로 거기서 나온다. 카페인은 인간이 자꾸 차를 찾게 만드는 주범이다. 물론 각성 효과도 있다. 다시 말해, 우리의 무기력함을 순간적으로 속여줄 수 있다.

플라보노이드는 혈관 건강에 좋다고 TV광고에서 친절하게 권유하지 않던가. 불쌍한 혈관이 터지지 않게 도와준다. 이 같은 차 성분 이야기는 뒤에서 또 나올 테니 그때 복습하며 살펴보자.

　차 잎은 자연환경과 밀접하게 연결되어 있다. 차나무는 따뜻하고 습한 기후를 좋아한다. 해발 1,000~2,000m 고산지대에서 자라면, 더 촘촘하고 향기로운 잎을 낸다. 고급 녹차들이 이런 곳에서 나는 이유이다. 인간들이 애지중지 키우는 차나무는 땅, 기후, 강우량, 그리고 인간의 손길까지 총체적인 환경 예술의 산물이다.

　다시 식물학적 입장으로 되돌아가 간단하게 정리해 보면, 차나무는 '카멜리아 시넨시스'라는 꽤 까다로운 상록성 관목이다. 찻잎은 자연과 인간의 절묘한 합작품이다. 이 나무는 항산화 물질과 다양한 생리활성 성분을 품고 있어 인간 건강에 긍정적 영향을 준다. 거듭거듭 말하지만 차는 단순한 음료가 아니다. 한 잎 한 잎이 시간, 기후, 땅, 인간의 집착이 빚어낸 결정체다.

　이런 '알쓸신잡 지식'들을 어디다 쓸지는 모르겠지만, 적어도 이제는 차를 마실 때 이 정도로 지적인 척이라도 할 수 있겠다. 이 출발점에서 차가 어떻게 인간의 멘탈 붕괴를 막을 수 있는지로 넘어가도 될 듯하지 않은가. 아니다 인내심을 갖고 좀 더 가볍게 성질과 치유로 넘어가 보자.

차나무, 고통에 반응하는 식물

　차나무는 살아 있는 존재다. 뿌리를 땅에 박고, 빛을 향해 잎을 펼치며, 끊임없이 세상과 교감한다. 하지만 이 나무는 세상의 온기에만 반응하는 것이 아니다. 차나무는 고통에도 깊숙이 반응한다. 이 식물은 상처받을 때, 외부 세계가 매섭게 그 몸을 흔들 때, 스스로를 지키기 위해 보이지 않는 전쟁을 시작한다. 어디까지나 조용히, 그러나 치열하게.

　식물학에서는 오래전부터 차나무의 이런 본성을 관찰해왔다. 잎이 찢기고, 줄기가 꺾이고, 가뭄이 찾아오고, 해충이 몰려들 때 차나무는 단순히 기다리지 않는다. 그 몸속 어딘가, 마치 숨겨진 신경망처럼, 위기 신호가 번져간다. 칼슘 농도가 요동치고, 신호물질이 분비되고, 생화학적 경로가 급히 열리며, 방어 성분들이 폭발적으로 만들어진다. 폴리페놀(polyphenol), 테르펜(terpene), 알칼로이드(alkaloid) 같은 복잡하고 치밀한 분자들이, 눈에 보이지 않는 갑옷처럼 나무를 감싼다.

　이 과정은 고통의 증명이다. 차나무는 단순히 수동적인 존재가 아니다. 상처를 감지하고, 대응하고, 그 결과로 스스로를 바꾼다. 그리고 이 변화는, 오히려 차나무를 더욱 깊고 매혹적인 존재로 만든다.

　인간들은 이 변화를 알아차렸다. 그리고 그 잎을 따서, 물에 우려내어 마셨다. 따뜻한 물속에서 잎이 천천히 풀릴 때, 우리도 무의식적으로 차나무의 고통을 들이마시게 된다. 그리고 그것을 치유라고 부른다. 고통을 마시는 것이 치유라니, 참 아이러니하다.

고통받으며 성숙해지는 찻잎

　차나무에게 고통의 진행은 마치 성숙 과정 같다. 처음엔 순간적인 반응으로 시작한다. 칼 같은 햇빛 아래에서, 혹은 거센 바람에 상처받은 차나무는 즉각 폴리페놀을 만들어낸다. 이 성분은 독성과 자외선으로부터 세포를 보호한다. 그러나 시간이 지나면서, 방어 반응은 단순한 응급조치를 넘어선다. 잎 속 깊은 곳에서 다양한 방향으로 분자들이 재배열된다. 고통은 단순한 생존을 넘어, 존재 자체를 더 깊고 복잡하게 만든다.
　결국 차나무는, 고통을 받으면서 자신을 변형시킨다. 그리고 인간은 이 변형의 산물을 마주한다. 녹차를 보라. 가장 덜 가공된 형태의 차는, 고통의 순간적 반응을 거의 가공 없이 담아낸다. 쌉싸름하고 맑은 맛, 혀끝에 머무는 섬세한 떨림은, 차나무가 받은 상처의 직접적인 언어다. 그 뿐인가. 덖음질 하는 내내 찻잎은 열기와 찢김을 반복하면서 고통을 받는다. 이러다 보니 녹차 한 잔을 들이킬 때, 우리는 신선한 상처의 기억을 함께 삼키는 셈이다.

　발효차인 우롱차는 반쯤 발효된 잎에 고통과 치유의 경계를 함께 품고 있다. 스트레스 반응이 어느 정도 숙성되며, 그 맛은 부드럽고 깊어진다. 상처가 덜 날카로워지고, 대신 따뜻한 인내와 지혜의 향기가 배어난다. 녹차와 달리 우롱차를 마신다는 것은 고통을 '통과한' 존재를 만나는 일이다.
　홍차에 이르면, 차나무의 고통은 완전히 다른 형태로 바뀐다. 초기에 생겨난 카테킨은 산화되어 테아플라빈과 테아루비긴이라는 새로운 색과 향기의 분자로 바뀐다. 이런 바뀜은 마치 인간이 상처를 통해 성숙해지는 과정과 닮았다. 홍차 한 잔을 마실 때, 우리는 격렬했던 고통이 부드러운 기억으로 바뀌는 그 기적을 체험한다.

보이차는 또 하나의 차원에 서 있다. 차나무는 생전의 고통을 넘어서, 발효와 숙성이라는 또 다른 시련을 거친다. 수십 년에 걸쳐 미생물과 시간을 동반자로 삼으며, 스스로를 또 한 번 재구성한다. 보이차를 마시는 것은, 마치 상처 입은 존재가 끝내 '숙명과 화해'하는 모습을 지켜보는 것과 같다.

결국, 모든 차는 고통의 증언이다. 다만 그 증언의 목소리가 다를 뿐이다.

어떤 차는 아직 상처를 부여잡은 채 아프게 컬컬한 목소리로 속삭이고, 어떤 차는 이미 아픔을 넘어 꾀꼬리같은 소리로 삶을 노래한다.

그러나 변하지 않는 것은 하나다. 차나무는 고통을 통해 더 깊어졌고, 인간은 그 깊이를 맛보고, 위안을 얻는다는 사실이다. 우리가 차를 마신다는 것은, 단순히 걸걸해진 목을 축이는 일이 아니다. 그것은 상처받은 존재가 만들어낸 아름다움을 우리 몸 안으로 초대하는 행위다. 그리고 잠시나마, 우리 자신의 상처 또한 덜 아프게 느끼게 만드는 작은 기적이다.

차는 고통을 숨기지 않는다. 대신 고통을 아름답게 견디고, 그것을 나누는 방법을 알고 있다.

그것이 차의 본질이다. 그리고 차를 마시는 인간 또한, 그 고요한 전승의 일부가 되는 셈이다.

차의 성질 : 따뜻함, 순화, 기혈순환과 감정의 안정

차는 단순한 음료로 목 넘기기에 목적을 두지는 않는다. 차는 수천 년에 걸쳐 인간과 함께 진화해오면서 '따뜻함', '순화', '기혈순환', '감정의 안정'이라는 깊은 특성을 얻었다. 이 특성들은 단순한 감성적 느낌이 아니라, 식물성 화학, 생리학, 그리고 전통의학의 교차점에서 설명할 수 있다.

먼저, 차가 '따뜻하다'는 말은 날씨 따뜻한 남쪽 나라 사람들이 차를 좋아한다는 의미가 아니다. 이건 전통 한의학에서 '체온을 올리고 몸의 에너지를 부드럽게 순환시키는 성질'을 뜻한다. 특히 가볍게 발효된 우롱차나 완전 발효된 홍차는 성질이 따뜻해서 몸이 차가운 사람에게 아주 좋다.

생화학적으로 봐도 설득력이 있다. 차에는 소량의 카페인과 테아닌, 그리고 플라보노이드가 들어 있다. 카페인은 신진대사를 촉진해 체온을 살짝 상승시킨다. 혈액 순환이 활발해지면서 말초혈관이 확장되고, 신체 내 온기 퍼짐을 돕는다. 테아닌은 부드러운 혈관 확장 효과를 주어, 순한 따뜻함을 만드는 데 한몫한다.

정리하면, 차의 따뜻함은 단순한 신화가 아니다. 실제 물질적 변화로 신진대사 촉진과 혈관 확장 작용으로 증명된다.

따뜻한 차를 한 모금 마실 때 느끼는 포근함은, 우리 마음이 착각하는 게 아니라 진짜 몸속에서 일어나는 일이다. 놀랍지 않은가?

차를 '순화의 식물'이라고 부르는 것은 괜히 생긴 게 아니다. 식물학적으로도, 의학적으로도 차는 해독(Detoxification)에 깊은 관련이 있다. 정화(Purification)라는 말이 더 가까울지도 모르겠다. 순화(順化)가 아니라 순화(acclimation, 醇化)다. 잡스러운 것을 걸러서 순순하게 한다.

차의 주요 성분 중 하나인 카테킨은 강력한 항산화 물질이다. 활성산소를 제거하여 세포 손상을 막고, 체내 염증을 감소시키는 역할을 한다. 이뿐만 아니다. 차를 꾸준히 마시면 간 기능을 보호하고, 몸속에 쌓이는 노폐물 배출을 촉진하는 효과가 나타난다는 보고도 있다. 쉽게 말하면, 차는 몸속에 쌓인 찌꺼기 청소부 같은 존재다.

특히 녹차는 이 순화 기능이 두드러진다. 발효도가 낮아서 폴리페놀 함량이 높고, 이 성분들이 신진대사 과정에서 발생하는 불필요한 찌꺼기들을 청소해준다. 그래서 현대 과학에서도 '디톡스 음료' 같은 이름으로 차를 재포장해서 팔고 있지 않던가. 뭐, 결국 인간들이 5,000년 전부터 알아 온 것들을 요즘 들어서야 새삼스럽게 발견하고 떠드는 거 아닌지 모르겠다.

우리 몸을 이야기할 때 기혈순환이라는 익숙한 말이 있는데, 여기에 알맞게 쓰일 수도 있겠다. '기'와 '혈'이라는 말이 인체 에너지와 생명력을 상징해온 것은 어디선가 들어본 듯하다. 전통의학에서는 이 기혈이 막히지 않고 잘 순환할 때 사람이 건강하다고 본다.

차가 바로 이 기혈순환을 촉진하는 데 매우 중요한 역할을 한다. 왜냐하면, 가벼운 각성작용(카페인)은 신경계를 부드럽게 자극하여 에너지 흐름을 깨우기 때문이다. 더구나 혈관 확장 효과(플라보노이드)는 혈액 흐름을 부드럽게도 한다지 않던가. 간단히 말하면, 차를 마시면 안에서부터 작은 기폭제가 터진다. 우리 몸의 엔진에 불을 붙여주는 셈이다.

특히 따뜻한 차를 규칙적으로 마시면 혈액순환이 개선되고, 손발이 차가운 증상이나 피로감 감소에도 효과적이라는 연구가 있다. 그런 의미에서 차는 우리를 느릿느릿 굴러다니게 만드는 '찌든 순환'을 다시 작동시키는 연료 같은 존재다.

어쨌든 차 한잔이 감정을 안정시키고 있다는 것이다. 감정의 안정이란 차를 마시면서 괜히 센치해지는 이유를 설명해준다. 앞에서 보았듯이 차에는 '테아닌(L-Theanine)'이라는 특별한 아미노산이 들어 있다. 이 성분은 뇌에서 알파파(α파)를 증가시키는 데 관여하는데, 알파파는 '편안하고 안정된 심리 상태'와 관련이 있다. 다시 말하면, 테아닌은 신경계를 진정시키면서 불안감을 낮추고 집중력을 높이는 역할을 한다.

그래서 차를 천천히 마시면 마음이 고요해진다. 차를 마시는 행위 자체가 일종의 명상, 즉 의식의 정화 과정이 되는 셈이다. 특히

차의 등급

　　잎과 향기를 기준으로 차의 품질을 구분할 수 있다. 그 용어는 다양하며, 차의 종류, 잎의 크기, 수확 시기, 가공 방법에 따라 다르다.

　　홍차를 찻잎 크기에 따라 분류하면, 찻잎의 싹이 나오는 부위와 잎의 순서와 크기를 다음 다섯가지로 구분한다. 가장 높은 등급은 새싹과 함께 나오는 가장 어린 찻잎(FOP: Flowery Orange Pekoe)이다. 그리고, 새싹 바로 아래의 어린 잎, 조금 더 성숙한 잎(OP:Orange Pekoe), 더 큰 잎(PS:Pekoe Souchong), 가장 큰 잎(S: Souchong)의 순서로 나뉜다.

　　수확 시기를 기준으로 나누면, 곡우(4월 20일) 전에 수확한 우전(雨前)차를 최고 품질로 여긴다. 세작(細雀)은 어린 찻잎을 수확한 것, 중작(中雀)은 중간 크기의 찻잎이고, 대작(大雀)은 가장 큰 찻잎을 말한다.

　　차의 맛은 어떻게 평가할까. 이는 매우 주관적이지만 일반적으로 상중하로 매긴다. 맨 먼저 상품은 감칠맛(Umami)이 풍부하고 깊은 맛, 중등은 적당한 감칠맛과 부드러운 맛, 하등은 감칠맛이 거의 없거나 약한 경우다. 단맛(Sweetness)은 상등은 자연스러운 단맛이 오래 지속되고, 중등은 단맛이 느껴지지만 강하지 않고, 하등은 단맛이 거의 없거나 미미한 경우다. 쓴맛(Bitterness)도 오묘한데 상등은 적당한 쓴맛이 조화롭게 어우러지는 경우, 중등은 쓴맛이 있지만 과하지 않고, 하등은 쓴맛이 강하거나 불쾌하게 느껴진다. 떫은맛(Astringency)은 상등은 적당한 떫은맛이 차의 풍미를 돋구고, 중등은 떫은맛이 느껴지지만 부드러운 경우, 하등은 지나치게 강하거나 거친 맛이 난다. 이런 식으로 향기(Aroma)나 여운(Aftertaste)도 상중하로 나누어 평가할 수 있다.

　　종합적으로 평가하면, 상등급 차는 맛이 균형 잡히고, 감칠맛, 단맛, 쓴맛, 떫은맛, 향기, 여운들이 모두 조화롭게 어우러진다. 중등급 차는 전반적으로 무난하며, 특정 맛이 두드러지지 않는 경우이다. 하등급 차는 맛이 조화롭지 않거나 특정 맛이 너무 강해 불균형하게 느껴진다.

녹차나 백차처럼 테아닌 함량이 높은 차들은 감정 안정 효과가 더욱 강하다. 그러니까 다음에 스트레스 받아서 입에 거품 물 것 같을 때는 괜히 남 탓하지 말고 차나 한 잔 끓여 마셔보자. 훨씬 효과 있을 테니까.

이쯤 이야기 나누다 보니 결국 차는 단순히 물에 우려 낸 잎이 아니라고 생각된다. 따뜻함으로 몸을 부드럽게 덥히고, 순화를 통해 몸속 노폐물을 청소하고, 기혈순환을 촉진해 생명력을 불어넣고, 감정 안정으로 마음을 다독인다. 이건 신비주의가 아니라, 식물학적·생리학적 근거를 가진 명백한 사실이다. 차 한 잔에는 자연이 준 가장 순수한 '치유 코드'가 고스란히 녹아 있다.

story 2

몸과 맘을 바꾸는 마법

다완 두 개, 마주 앉은 통증과 치유
차는 몸에 녹아 약이 되고
몸과 맘, 찻잎따라 춤을 춘다.

3장
차, 몸에 녹아드는 약

우리는 하루에도 수십 번, 마음이 너덜너덜해진다. 정신은 멀쩡한 척하지만, 사실 내면은 '로그아웃' 버튼을 찾고 있을 때가 많다. 그런 순간, 누가 요란하게 등장해서 "명상해라! 운동해라! 단백질 섭취해라!" 소리치면 기분 참 요란해진다.

그럴 때, 조용히 다가와서 아무것도 강요하지 않고, 그냥 따뜻한 온기 하나 건네는 존재가 있다. 바로, 차. 그 따분해 보이는 잎사귀 덩어리, 그런데 알고 보면 뇌, 면역, 소화계를 야무지게 해킹하는 하이엔드 힐링 디바이스다.

이런 잔잔한 찻잔으로 때로는 우리가 세계를 품는다. 그 작은 잔 안에 맑은 향기, 따뜻한 온기, 그리고 무엇보다 보이지 않는 생리적 치유의 힘이 담겨 있다. 차 한 잔에 담긴 것은 물 한 모금이지만, 마주 대하면 몸과 마음을 어루만지는 의식이다. 자연이 건네는 조용한 치유다. 이 작은 잎들이 품은 약리적 힘은 과학적으로도 입증되었지만, 그보다 더 큰 감동은, 그 힘이 얼마나 섬세하고 정직하게 우리를 어루만지는지에 있다.

치유의 비밀 : 카테킨, 테아닌, 플라보노이드 이야기

차에 담긴 성분을 앞에서 맛보기로 살펴봤다. 그런데도 덧붙여 보자. 차를 이야기 할 때 빼놓을 수 없는 성분은 카테킨(catechin)이다. 카테킨은 대표적인 폴리페놀류 종류로, 주로 녹차에 풍부하게 함유되어 있다. 이 물질은 강력한 항산화 작용을 통해 우리 몸 속 활성산소를 제거하며, 세포의 노화를 막고 각종 질병의 발생을 억제한다.

카테킨은 마치 보이지 않는 '고요한 전사'처럼 작용한다. 외부로부터 침입하는 바이러스나 박테리아에 맞서 싸우고, 염증 반응을 조절하여 우리 몸이 스스로를 치유할 수 있도록 돕는다. 특히, 심혈관 건강 증진, 콜레스테롤 감소, 심지어 특정 종류의 암 예방에 이르기까지 그 역할은 실로 방대하다.

하지만 카테킨의 진짜 위대함은 단지 신체적인 보호에만 머물지 않는다. 그 존재는 우리가 무심코 지나치는 일상 속 스트레스와 피로를 부드럽게 덜어내며, 매일 조금 더 나은 생을 살아가게 한다. 차를 한 모금 머금었을 때 느끼는 그 맑고 깨끗한 감각은, 바로 이 보이지 않는 카테킨의 선물이다.

그 다음은 테아닌(theanine)인데, 이는 차 잎에만 고유하게 존재하는 천연 아미노산이다. 특히 녹차와 백차에 많이 들어 있으며, 우리의 뇌와 신경계를 부드럽게 어루만지는 신비한 힘을 지녔다.

테아닌은 α파를 촉진해, 집중력과 창의성은 높이고 긴장과 불안은 완화시킨다. 현대인의 뇌는 늘 긴장과 스트레스에 노출되어 있는데, 테아닌은 마치 숨겨진 호수처럼, 그 메마른 곳에 잔잔한 물결을 일으킨다. 카페인과 함께 작용할 때는 각성은 유지하면서도 긴장을 풀어주는 독특한 효과를 발휘한다. 이는 커피가 주지 못하는, 차만의 고유한 여유이자 맑음이다.

불면증에 시달리는 이들이나, 마음속 불안을 잠재우고 싶은 이들에게 테아닌은 소리 없는 처방전이 되어준다. 찻잔에 담긴 투명한 액체 속에 실려 온 이 은밀한 아미노산은, 우리가 일상 속에서 잃어버린 고요와 안식을 다시 건네준다. 차와 함께 하면서 우리는 그 청량한 이완작용을 고맙게 여기곤 한다.

뭘 좀 이해하려 할 때 때로는 전문용어를 피할 수 없는데, 플라보노이드(flavonoid)라는 말을 여기에서 귀담아 들어야 한다. 이는 식물들이 스스로를 보호하기 위해 만들어낸 천연 색소이자, 인류가 거저 얻은 생리적 선물이다. 차 속 플라보노이드는 주로 강력한 항염증, 항바이러스, 항암 작용을 통해 우리 몸의 방어 체계를 강화한다. 플라보노이드는 혈관의 건강을 지켜주며, 혈압 조절과 혈류 개선에도 깊이 관여한다. 또한 최근 연구에 따르면, 플라보노이드는 뇌 기능을 유지하고 치매 예방에도 긍정적인 영향을 미친다고 한다.

　차 한 잔 속에 숨겨진 이 작은 빛의 조각들은, 세포 하나하나에 생기를 불어넣고 우리 삶을 더 건강하고 아름답게 가꾸어 간다. 생명을 품은 빛의 조각들이다. 플라보노이드는 단지 신체적 건강에 그치지 않는다. 그들은 마치 봄날 햇살처럼, 몸 안 깊숙이부터 생동감을 일깨운다. 잔잔한 기운, 다시 일어설 힘, 작고도 단단한 희망 같은 것들을 일깨워 주는 것이다.

　차가 펼치는 조용한 치유 과정은 한편의 예술창작 과정 같다. 우리는 종종 건강을 약이나 치료로만 생각하지만, 차는 말없이 가르쳐준다. 진정한 치유는 몸과 마음이 동시에 평온해질 때 비로소 시작된다는 것을. 카테킨은 우리를 보호하고, 테아닌은 우리의 마음을 어루만지며, 플라보노이드는 생명의 빛을 되찾아 준다.

　차 한 잔을 드는 순간, 우리는 수천 년을 이어온 자연과 인간의 교감, 눈에 보이지 않는 수많은 생리적 힘들과 조용히 손을 잡는 셈이다. 그리고 다시 오늘 하루를 살아갈 힘을 얻는다. 이토록 작지만 위대한 차 한 잔. 그 속에는 온 우주가 담긴 듯하다.

정신줄 꽉 잡아주는 심플 매직

　차는 뇌를 사랑스럽게 두드린다. 카페인과 테아닌, 이 두 천재 성분이 차 안에서 손잡고 노는 걸 상상하면 될듯하다. 카페인은 살짝 툭 쳐서 "야, 정신 차려" 하고, 테아닌은 그 뒤에 와서 "근데 쫄지는 마. 부드럽게 깨어나자" 하고 토닥인다.

커피처럼 심장 두근거리면서 멘붕 오는 거 없이, 차는 부드럽게 각성시킨다. 집중력은 올리고, 불안감은 낮춘다. 심지어 알파파를 끌어올린 테아닌은 명상전문가 처럼 잔잔한 정신 상태를 만들어준다. 과학자들도 인정한 이 효과 덕분에, 차는 그냥 '기분 좋아

 커피 카페인과 녹차 카페인

같은 카페인이지만 커피와 녹차에서 일어나는 작용에는 차이가 있다. 먼저 카페인 함량을 보면, 1잔 약 240ml를 기준으로 커피에는 95mg 이상, 녹차에는 25~45mg 정도가 들어 있어 커피가 2~3배 더 강하다. 그만큼 심신에 주는 각성 자극도 더 강하고 빠르다.

흡수 속도나 체감 작용을 보면, 커피는 카페인이 빨리 흡수되고 혈중 농도가 빠르게 올라가 강한 각성감을 준다. 녹차는 L-테아닌이라는 아미노산이 같이 존재하는데 이 성분은 뇌파를 안정시키고 카페인 작용을 완화시킨다. 그래서 각성은 있지만 좀 더 부드럽고 지속적이다.

심신 회복과 관련된 성질을 보면, 커피는 순간적인 피로 회복이나 집중 향상에는 좋지만, 자극이 강하고 부작용(불안, 심박 증가, 수면 방해)도 많아, 회복보다는 '잠깐 깨우기'에 가깝다. 녹차는 부드러운 각성 효과와 L-테아닌 성분이 함께 작용하여 정신적 안정에 더 유리하고, 긴장 완화와 스트레스 조절에 도움이 되어 실제로 심신 회복에 더 적합하다. 결론적으로 단기 집중에는 커피가 좋고, 안정적 회복과 스트레스 완화에는 녹차가 더 좋다는 것이다. 물론 어느 쪽이든 밤늦게 마시면 심신은 회복되지 않고 뒤척이다가 피곤함만 더해진다.

지는 음료'가 아니라, 화학적으로 기분을 재조립하는 고급 장비가 된다.

그리고 플라보노이드. 이름부터 뭔가 게임 속 전설 아이템 느낌인데, 이 성분은 뇌신경을 산화 스트레스로부터 보호해준다. 덕분에 장기적으로는 치매 위험까지 낮춰준다고도 한다. 결국 차를 마시면 뇌가 '자기야 고마워'라고 한다.

차는 면역계들을 깨워서 보이지 않게 든든한 방어막을 씌워준다. 요즘 세상, 숨만 쉬어도 병균이랑 눈 마주치는 환경이다. 그런데 차는 그걸 알았는지, 우리 면역계에 몰래몰래 버프를 걸어준다.

카테킨이라는 항산화 성분이 등장해서, 체내 활성산소라는 쓰레기들을 싹 쓸어낸다. 이 과정이 마치 청소 끝낸 방처럼 기분 좋다. 플라보노이드는 또 무슨 히어로처럼, 과도한 면역 반응을 조용히 진정시켜준다. "야, 흥분 좀 가라앉혀" 하는 느낌으로.

비타민 C는 덤이다. 일부 차, 특히 녹차랑 홍차에는 이게 빵빵하게 들어 있어서, 바이러스나 박테리아 같은 귀찮은 것들을 초장에 막아버린다. 실제 연구에서도 차를 꾸준히 마신 사람들은 면역글로불린 A 수치가 증가한 것으로 나타났다는데, 이게 바로 호흡기 쉴드 같은 존재. 겨울에 목 칼칼한 거 싫으면, 물 대신 차로 갈아타야 한다.

결국 차는 목이나 축이는 티도 안 나게 우리 몸에 투명 갑옷 하나씩 씌워주는, 엄청 공손한 경호원이다. 이런 경호원은 늘 가까이에 둬야하지 않을까.

소화계에도 작동을 한다. 차는 속을 부드럽게 쓰다듬는 힐링러쯤 된다. 진짜 찐사랑은 여기서 폭발한다. 타닌, 카테킨, 식이섬유 같은 삼형제가 소화기관 구석구석을 어루만져준다.

타닌은 위 점막을 살짝 조여주면서, 위염이나 설사 같은 민감한 상태를 다독인다. 위가 헐떡이고 있을 때 차를 마시면, 마치 "괜찮아, 괜찮아" 하고 어깨 두드려주는 느낌이다. 카테킨은 장내 유익균은 키우고 유해균은 쫓아낸다. 그냥 깔끔한 장 건강 '정리 반장'이라고 보면 된다.

그리고 식이섬유 양은 많지 않지만, 고마운 존재다. 장 운동을 촉진해서 소화 과정을 자연스럽게 흐르게 만들어준다. 억지로 배를 밀어붙이는 게 아니라, 부드럽고 품격있게 길을 여는 스타일이다.

특히 식사 후에 녹차나 우롱차나 한 잔은 고맙게도 지방 흡수를 살짝 막아주고 소화 촉진까지 시켜준다. 다이어트에 관심 있는 친구들, 눈이 번쩍 뜨이겠다. 물론 폭식하고 차 마신다면 면죄부는 받지 못하겠지만 말이다.

결국, 차는 삶을 조용히 리셋하는 소소한 마법을 부린다. 차는 절대 요란하지 않다. 현수막 들고 "건강 좋아요! 스트레스 해소!"라고 소리치지 않는다. 그냥 가만히, 아주 가만히 우리 옆에 있다.

언제 얼마나 마시는 것이 적당할까

차의 치유 효과를 눈에 띄게 느끼려면 종류, 성분, 개인 건강 상태에 따라 달라질 수 있지만, 대체로 아래 기준을 참고하면 유익하다.

먼저 하루 권장량은 얼마나 될까. 3~4잔(600~800ml) 정도의 따뜻한 차를 꾸준히 마시면 항산화, 면역 강화, 소화 개선 등의 효과를 기대할 수 있다. 특정 효능을 위한 차(예 캐머마일=불면증, 생강차=소화)는 2~3잔 집중 섭취 후 휴식이 필요하다.

효과별 기간을 보면, 1~2주사이에는 스트레스 감소, 소화 기능 향상(예 페퍼민트, 캐머마일) 효과를 기대할 만하다. 4주 이상이라면, 항산화 효과(녹차), 콜레스테롤 개선(우롱차), 피부 건강(히비스커스)까지도 효과를 본다.

다만, 주의할 점은 과다 섭취(1일 5잔 이상)는 카페인 민감자나 철분 흡수 방해(탄닌 함유 차)를 유발할 수 있다. 특히 약물 복용 중이라면 의사와 상담이 필요하다(예 감초차+고혈압 약).

가장 바람직한 타이밍은 공복보다는 식후 30분에 마시는 것이 위 자극을 줄인다. 가급적 유기농 원료를 사용하고, 80℃ 이하의 물로 우려 내야 활성 성분이 보존된다.

예를 들어, 녹차의 EGCG(항암 성분)는 하루 2~3잔으로 4주 후부터 세포 재생 효과가 나타나는데, 무엇보다 자기 목적에 맞게 차 종류와 양을 조절하는 지혜가 필요하다.

그리고 어느 날 문득 깨닫는다. 덜 예민해지고, 감기 덜 걸리고, 속이 이상하게 편해졌다는 것을.

이 모든 건 차가 시끄럽게 자랑하지 않고, 조용히, 꾸준히, 똑똑하게 우리 몸을 다독인 결과다. 삶이 하드모드로 느껴질 때, 마음이 구겨지고 접힐 때, 굳이 대단한 힐링을 찾으려 애쓰지 말자. 인스타그램 피드 뒤지면서 자기혐오하지 말고, 유튜브 자극 영상으로 정신 산만하게 하지 말고. 그냥, 가만히. 따뜻한 차 한 잔 들고, 숨 한번 깊게 들이켜자.

나에게 맞는 차가 있듯, 나에게 맞는 회복도 있다. 차는 말 없이도 나를 안아주는 기운이다. 그 작은 잎들이, 아무 말 없이, 나보다 훨씬 현명하게, 내 몸과 마음을 리부팅해 줄 것이다. 나를 고른 차가, 결국 나를 감싸 안았다. 그리고 잎마다 힐링의 기운이 다르게 스며든다.

결국 차는 억지로 무언가를 밀어내는 것이 아니라 부드럽고 자연스러운 흐름을 돕는다. 마치 잔잔한 시냇물이 물길을 열어가는 것처럼.

차는 단순히 '건강에 좋다'는 이유로만 사랑받지는 않는다. 그것은 우리 몸 구석구석, 뇌의 파동에서 면역 세포, 그리고 장의 연동 운동까지 부드럽게 건드리며, 자연스럽게 건강을 회복시켜 주는 존재이다. 여기에서 피부건강은 덤이다.

앞에서 구구절절 이야기한 것들, 특별한 약효를 기억하려 애쓰지 않아도 좋다. 차는 조용히, 그러나 확실하게, 우리의 뇌를 맑게 하고, 면역을 강화하며, 소화를 돕는다. 그 모든 과정은 눈에 보이지 않지만, 차를 한 모금 머금을 때마다 우리 몸과 마음은 조금 더 가볍고 자유로워진다.

피부가 먼저 반응하는 맑은 차는?

　차 마시기가 여성의 피부 미용에 미치는 효과는 녹차, 백차, 허브차, 루이보스차에서 잘 나타나는 것으로 알려져 있다. 특히, 항산화 작용, 항염증 작용, 피부 노화 지연, 수분 유지 효과가 좋아서 '마시는 화장품'이라 불릴 정도다.

　차에는 폴리페놀, 카테킨, 플라보노이드 같은 항산화 성분이 풍부하여, 자외선(UV) 및 활성산소로 인한 피부 손상을 막아준다. 또한 피부 노화 방지로 녹차와 백차가 콜라겐 분해를 억제하여 주름 형성 억제 및 탄력 유지에 기여한다. 항염증에도 효과가 있어 여드름, 홍조 같은 염증성 피부 문제를 완화시킨다. 피부 보습과 톤을 개선하는 데는 히비스커스차, 루이보스차가 수분 유지와 피부 톤 균일화에도 도움을 준다. 호르몬 균형을 유지시키는 데는 특정 허브차(페퍼민트, 캐머마일)가 호르몬 밸런스를 조절하여 생리 전후의 피부 트러블 감소에도 도움을 줄 수 있다. 또한, 피부 혈류 개선을 위해서라면 녹차를 섭취하여 피부의 혈류와 산소 공급을 증가시켜, 피부 건강 효과를 기대할 수 있다.

　차향이 흐를수록 피부에도 꽃이 피어난다. 피부도 사랑받고 있다고 느낄 차, 마시면 바로 필터역할을 하지 않을까.

4장

숨이 짧은 날, 차는 길게 안아준다

　버거운 숨결이 가슴 깊숙이 내려앉을 때가 있다. 아무것도 하지 않았는데 몸은 무겁고, 아무 말도 듣고 싶지 않은데 마음은 쉬지 않고 웅웅거린다. 누군가의 위로도, 빠른 해결도 필요 없는 순간. 그저 조용히, 나를 조금 가볍게 만들어줄 무언가가 간절할 때.
　차는 그럴 때 우리 곁에 있다.
　요란한 말도, 눈부신 치유도 없이, 고요하게 한 잔으로 다가온다. 손끝을 따라 전해지는 따스함, 목으로 천천히 내려가는 온기. 그 작은 움직임이 때로는 어떤 위로보다 깊게 오래 남는다.
　어떤 하루는 너무 무겁고, 어떤 마음은 너무 헝클어져 있다. 그걸 억지로 다독이려 애쓰지 않아도 괜찮다. 차는 그저, 우리가 잠시 멈추기를 기다린다. 거칠어진 숨이 조금씩 고르고, 흔들리던 마음이 물결처럼 잔잔해질 때까지.
　차는 고통을 덜어주는 약이 아니다. 삶을 근사하게 포장해주는 화려한 도구도 아니다. 그저 우리가 외면해버린 몸과 마음의 균열에, 조용히, 다정하게 스며드는 존재다.

조급해하지 않고, 서두르지 않고, 조금씩, 아주 조금씩 우리를 다시 부드럽게 이어 붙인다.

버거운 숨결 속에서도, 우리는 살아간다. 그리고 그 숨결 끝자락에, 조용히 놓여 있는 차 한 잔. 아무것도 해결해주지 않는 것 같지만, 어쩌면 가장 중요한 것 — 다시 숨 쉴 수 있는 여백을 우리에게 건네고 있다.

불면과 불안 : 캐머마일, 라벤더, 녹차

하루를 버티느라 지친 몸과 마음은, 밤이 깊어질수록 더 크게 울린다. 불면과 불안은 조용히 틈을 비집고 들어와 생각을 어지럽히고, 마음을 헝클어놓는다. 그럴 때, 캐머마일과 라벤더, 그리고 녹차는 은은한 향과 부드러운 온기로 마음의 파동을 가라앉힌다. 깊은 어둠 속에서 우리 안에 작은 쉼표를 만들어낸다.

캐머마일은 '아피제닌'이 뇌를 어루만지며 달래준다. 캐머마일의 핵심 성분은 아피제닌(Apigenin)이다. 이 성분은 뇌에 있는 감마아미노부티르산(GABA)수용체에 작용한다. 이게 무슨 말이냐면, 우리 뇌에는 긴장을 풀어주는 "브레이크 시스템" 같은 게 있는데, GABA는 이 브레이크를 작동시키는 신경전달물질이라는 것이다.

아피제닌은 이 GABA 수용체에 가볍게 '클릭'하면서 신호를 강화하게 보태준다. 결과적으로, 몸이 긴장을 풀고, 불안이 줄어들고, 졸음이 자연스럽게 온다는 것이다. 쉽게 말하면 아피제닌은 브레이크를 살짝 더 밟아주는 친구다. 그래서 불면증이나 긴장성 불안에 특히 효과적이다.

아피제닌은 약물처럼 강제적으로 억제하는 게 아니라, 뇌가 스스로 이완할 수 있도록 이 정도 속도로 부드러운 작용을 한다. 그래서 복용 후에도 흐릿하거나 무거운 느낌이 덜하다.

그리고, 캐머마일에는 비스아볼롤(bisabolol)이라는 진정 성분도 들어 있어서 소화 불량, 복부 팽만 같은 몸의 긴장도 풀어준다. 심리적, 신체적 스트레스를 동시에 다루는 데 딱 맞는 허브다.

라벤더가 여기에 한 몫을 한다. 라벤더가 갖고 있는 진짜 성분은 '리날룰'과 '리날릴 아세테이트'이다. 이 둘이 진정한 콤비가 되어 움직인다. 리날룰(Linalool)과 리날릴 아세테이트(Linalyl acetate)는 신경을 안정시켜주는 성분이 있다. 스트레스를 받을 때 과도하게 흥분된 신경을 달래준다. 특히 심박수를 낮추고 근육을 이완시켜서, 막연한 불안감이나 가슴 답답함을 가라앉힌다. 리날릴 아세테이트는 리날룰보다 작용이 더 부드럽고 향이 더 은은하다. 긴장을 풀면서 동시에 기분을 좋게 만들어주는 역할을 한다. 이렇듯 라벤더 향이 심리적 안정감을 주는 이유는, 단순히 기분 탓이 아니다. 리날룰과 리날릴 아세테이트가 뇌에 직접 작용해서 스트레스 호르몬(코르티솔) 분비를 줄이고, '편안하다'는 신호를 뇌에 보내는 것이다. 쉽게 말하면 라벤더 차는 단순히 향긋한 음료가 아니라, 뇌의 긴장 해제 버튼을 천천히 눌러주는 자연 약제다. 게다가 라벤더는 위장련 신경에도 영향을 주어, 불안성 소화불량(불안할 때 배 아픈 거)에도 좋은 효과를 보인다.

흔히 마시는 녹차에도 '테아닌'의 평온한 각성이 두드러진다. 녹차에는 잘 알려진 카페인이 들어 있다. 그래서 "녹차를 마시면 오히려 잠이 안 오는 거 아냐?"라고 의심할 수 있다. 하지만 녹차에는 이와 반대 작용을 하는 놀라운 성분이 하나 더 있다. 바로 테아닌(Theanine)인데, 뇌에 알파파를 증가시킨다. 알파파는 '깨어 있으면서도 이완된 상태'를 나타내는 뇌파다. 명상할 때 나오는 바로 그 뇌파다. 그래서 테아닌을 섭취하면 머리는 맑지만, 몸은 평온해지고, 마음속 불안의 파도가 잔잔해진다.

테아닌은 카페인의 각성 효과를 '부드럽게 조절'해 준다. 즉, 녹차를 마셨을 때 집중력은 살아나지만 과한 긴장이나 초조함은 억제된다. 쉽게 말하면 테아닌은 카페인이라는 활력 에너지에 '부드러운 이완 커버'를 씌워주는 역할을 한다. 그래서 녹차는 불안할 때, 긴장은 풀되 정신은 또렷이 유지하고 싶을 때 이상적이다. 게다가 녹차의 EGCG(에피갈로카테킨 갈레이트) 같은 항산화 성분도 신경계 보호에 도움을 주어, 장기적으로 스트레스 내성을 키워준다.

이쯤 되면 몇개 성분쯤은 외워서 기억해두고 싶은 생각이 들겠다. 기억하기 쉽게 간단히 정리해 보자.

- 캐머마일 : 아피제닌이 뇌의 브레이크를 강화 → 자연스럽게 이완하고 수면 유도
- 라벤더 : 리날룰·리날릴 아세테이트가 긴장을 풀고 코르티솔 감소 → 심신 안정
- 녹차 : 테아닌이 알파파를 증가시켜 → 맑고 평온한 집중 상태 유지

결국, 이 세 가지 차는 각자 다른 방식으로 뇌와 신경계를 다루지만, 공통적으로 불면과 불안을 자연스럽게 완화하는 데 강력한 도구가 된다. 약물처럼 부작용 없이, 부드럽게 고통을 덜어주는 '천연 치유제'라 할 수 있다.

염증과 통증 : 강황차, 생강차, 어성초

우리는 살아가면서 몸속 여기저기서 작게 터지는 '불꽃' 때문에 놀란다. 관절이 욱신거리거나, 속이 더부룩하거나, 어깨가 뻐근한 것은 모두 눈에 보이지 않는 염증과 통증 때문이다.

이런 몸속 불꽃을 끄는 데 필요한 것은 무엇일까?

바로 자연이 준비해둔 강력한 소방수들, 강황, 생강, 그리고 어성초다. 이 세 가지 차는 어떻게 우리의 고통을 잠재우는가?

강황차는 한마디로 몸속 '불'을 총체적으로 끄는 보범 소방관이

이런 불면에는, 이런 차

불면과 불안도 여러 가지다. 처방을 한다면 그 원인에 따라 다르게 접근해야 한다. 각각의 상황에 따라 어떤 차가 적합할까?

긴장성 불면증에는 캐머마일 차가 좋다. 몸이 긴장되고 근육이 뻣뻣해져 잠들기 어려운 경우에 가장 좋은 선택이다. 반복하자면, 캐머마일 속 아피제닌 성분이 신경계를 부드럽게 이완시키기 때문이다. 특별히 억지로 잠을 재우는 방식이 아니라, 몸이 스스로 긴장을 풀고 자연스럽게 잠에 들게 만든다. 약에 의존하지 않고, 부드럽게 긴장을 풀고 싶은 사람에게 좋다.

소화장애로 더부룩한 상태로 생긴 불면증에도 캐머마일 차가 좋다. 캐머마일은 위장 근육을 이완시키고 소화 불량으로 인한 긴장을 줄여준다. 소화가 편해지면 자연스럽게 몸의 긴장도 풀리고, 깊은 잠에 들 수 있다.

혹시 심리적 불안에 힘들다면, 라벤더 차를 권하고 싶다. 막연한 불안감, 심장이 두근거리는 느낌, 가슴이 답답한 경우에는 라벤더 차가 강력한 힘을 발휘한다. 라벤더에 들어 있는 성분이 스트레스 호르몬인 코르티솔 수치를 낮추어 심신을 안정시킨다. 라벤더 차를 마시면 뇌가 '위험 없음' 신호를 받아들이게 되어, 불안과 초조함이 자연스럽게 사그라든다.

누구나 달고 사는 스트레스로 복잡해진 머리에는 녹차 한잔이 좋다. 스트레스가 과다해서 머리가 복잡하고, 잠은 들어도 깊은 잠을 자지 못하는 사람이라면 녹차가 적합하다. 녹차 속의 테아닌 성분은 뇌의 알파파 생성을 촉진하여 마음은 이완되면서 정신은 맑게 유지시킨다. 테아닌은 카페인의 각성 작용을 부드럽게 조절해주기 때문에, 긴장과 초조를 줄이면서도 '맑은 평온함'을 느끼게 해 준다.

스트레스에 얽혀서 오랜 시간을 보내면 장기 스트레스가되고 만성 불면이 생긴다. 이 때는 녹차와 라벤더를 블렌딩해서 마시는 것을 추천한다. 테아닌과 리날룰이 서로 시너지를 내어 스트레스 저항력을 높이고, 심신을 동시에 이완시킨다. 장기 스트레스에는 단순한 수면 유도가 아니라, 몸 전체의 스트레스 내성을 키워야 하는데, 이 조합이 가장 효과적이다.

불면으로 날 새지 말고, 자신의 불면이나 불안 유형을 정확히 이해한 뒤 알맞는 차를 골라서 자연스럽게 치유의 첫걸음을 내딛자.

다. 강황(Turmeric)은 예로부터 '신의 선물'이라 불렸다. 그 중심에 있는 커큐민(Curcumin)이라는 놀라운 성분 덕분이다. 커큐민은 마치 몸속에 숨어 있는 작은 불씨를 찾아가 직접 꺼버리는 소방수처럼 작용한다.

염증은 기본적으로 면역 반응이다. 하지만 이 반응이 과도하거나 만성화되면, 신체 조직이 손상되고 고통을 초래한다. 커큐민은 이런 과잉 면역 반응을 조용히 진정시키는 역할을 한다. 비유하자면, 몸속에서 작은 불들이 연쇄적으로 번질 때, 커큐민은 물을 뿌려 확산을 막는 소방차 같다. 커큐민은 또한 염증 유발 인자인 NF-κB의 활성을 억제하는데, 이는 염증의 '지휘관'을 무력화시키는 것과 같다.

강황차를 꾸준히 마시면 관절염, 소화기 염증, 심혈관 염증 등 다양한 '보이지 않는 불'을 잡을 수 있다. 특히 관절이 시큰거리거나 몸이 찌뿌둥할 때 강황차를 마시면, 시간이 지나면서 점점 몸속이 가벼워지는 걸 느낄 수 있다. 다만 강황은 체내 흡수가 약간 까다로운 편이라, 후추(피페린)와 함께 섭취하면 커큐민 흡수가 20배 이상 높아진다. 이런 이유로 강황차를 만들 때 살짝 후추를 추가하는 레시피가 전통적으로 사용되어 왔다.

생강차는 비유하자면 통증을 녹이는 따뜻한 손길과 같다. 생강(Ginger)은 차가운 몸에 따뜻한 기운을 불어넣는 힘을 가진 식물이다. 생강의 핵심 성분은 진저롤(Gingerol)과 쇼가올(Shogaol)인데, 이들은 몸속 통증과 염증을 녹여내는 '따뜻한 손길' 같은 역할을 한다.

진저롤은 특히 염증 효소의 작용을 억제한다. 이 효소는 통증과 염증을 키우는 '점화 스위치' 같은 것인데, 진저롤은 이 스위치를 꺼버리는 능력이 있다.

쉽게 말하면, 몸속에 불이 번질 때 생강은 따뜻한 바람을 불어

 생강차가 엄마처럼 느껴질 때

추운 겨울에 생강차 한 잔은 면역력 강화와 체온 유지에 탁월하다. 쉽게 만들어 보자. 우선 최고급 햇생강을 골라야 한다. 겨울철에 수확한 생강은 향이 강하고 맛이 진하며, 껍질이 매끈하고 단단하며, 푸석푸석하거나 검은 부분이 없어야 한다. 혹시 흙이 많이 묻어 있으면 보존 효과를 높여 신선함을 유지할 것으로 보면 된다.

생강은 껍질에 영양이 많으므로 벗기지 말고 흙만 깨끗이 씻어 곱게 갈거나 얇게 저민 후 망치로 살짝 두드려 향을 열어준다. 냄비에 생강, 물(500ml), 계피 스틱 1개, 통후추 5알을 넣고 중약불로 10분간 끓인다. 이때 뚜껑을 닫아줘 향이 날아가지 않도록 한다. 그리고 난 뒤 불을 끄고 꿀 1~2큰술과 레몬즙을 넣어 섞은 후 5분간 우려내 마신다.

맛을 더 내려면, 갈은 생강을 꿀에 재워 1주일 숙성하면 깊은 맛이 난다. 크림티 버전으로 가려면, 우유나 코코넛 밀크를 섞어 생강 라떼로 즐긴다. 혹시 매콤한 맛 킬러라면, 생강 양을 2배로 하고 고춧가루 한 꼬집 추가하면 감기 예방에도 좋다.

마시는 타이밍을 잘 골라, 아침 공복에 마시면 속을 따뜻하게 해주고 소화를 돕는다. 밤에 마시기 전에 생강을 미리 얼려두고 갈아서 사용하면 더 진한 향이 난다. 선물용으로 나누고 싶다면, 유리병에 담아 레몬 슬라이스와 꿀을 층층이 쌓아 보관하면 좋다.

세상의 모든 매콤함과 달콤함이 완벽하게 조화된 엄마같은 최고의 생강차는 누구나 쉽게 즐길 수 있어 더욱 좋다.

넣어 불을 조용히 잠재우는 것과 같다. 생강은 혈액순환을 촉진해 신진대사를 활발하게 하고, 몸속 노폐물 배출을 돕는다. 특히 근육통, 생리통, 편두통처럼 날카로운 통증을 느낄 때 생강차 한 잔은 마치 따뜻한 담요 한 장처럼 통증 부위를 감싸준다. 몸이 한껏 긴장해 있던 것이 자연스럽게 풀리면서, 차분한 따뜻함이 퍼진다. 또한 생강은 소화기관을 튼튼하게 해 위염이나 과민성 장 증후군 같은 염증성 질환에도 좋은 영향을 미친다. 따라서 단순한 진통이 아니라, 몸속 문제의 '뿌리'를 다스리는 힘이 있는 것이다.

끝으로 어성초는 몸속 쓰레기를 청소하는 '자연 청소부'같은 것이다. 어성초(Houttuynia cordata)는 동양 전통 의학에서 오랫동안 사랑받아온 약초다. 다소 특이한 비린 향 때문에 호불호가 갈리지만, 그 효과는 누구나 인정할 정도로 강력하다.

어성초의 주요 성분은 데카노일 아세트알데하이드(Decanoyl acetaldehyde)와 플라보노이드(Flavonoids)다. 이 성분들은 몸속에 쌓인 노폐물, 독소, 죽은 세포 찌꺼기들을 말끔히 청소한다. 비유하자면, 어성초는 오랫동안 청소하지 않은 창고에 들어가 먼지와 쓰레기를 걷어내는 청소부다.

특히 염증 반응 때문에 축적된 활성산소와 독성 부산물을 제거하는 데 탁월하다. 어성초는 염증성 피부질환(여드름, 습진)뿐 아니라, 방광염, 기관지염처럼 내부 장기에 생긴 염증을 완화하는 데도 효과적이다. 또한 혈액을 깨끗하게 하고 면역력을 강화하는 작용이 있어, 몸이 무겁고 붓는 증상에도 큰 도움이 된다. 특히 어성초는 염증뿐만 아니라 감염성 통증(세균성 염증)에도 강한 방어막을 제공하기 때문에, 만성 염증 관리에 빼놓을 수 없다.

이 세 가지 차는 각자 다른 방법으로 염증과 통증을 다루지만, 공통점은 '몸을 자연스럽게 회복시키는 것'에 있다. 통증이나 염증이 찾아올 때마다 무작정 약을 찾는 대신, 몸에 귀를 기울이고, 자연의 치유력을 빌리는 습관을 들이는 것. 그것이야말로 진정한 건강의 지름길이다.

소화 장애와 피로 : 매실차, 국화차, 페퍼민트

속도가 경쟁력인 요즘 젊은이들은 빠른 식사, 과도한 스트레스, 불규칙한 생활로 소화기 건강과 체력 저하가 많다. 소화 장애는 단순한 불편을 넘어서, 만성 피로를 불러오는 근본 원인이다. 몸속 에너지가 제대로 순환하지 않으면, 아무리 휴식을 취해도 피로가 가시지 않는다. 차는 이들에게 다시 한 번 해결책을 제시한다.

매실차, 국화차, 페퍼민트는 소화기 회복과 에너지 재충전을 돕는 가장 순수한 처방이다.

매실차(Korean green plum tea)는 소화 장애로 신음하는 몸에 가장 먼저 달려가는 응급 구급대와 같다. 매실은 '자연의 소화제'로 불릴 정도로 위장 기능을 빠르게 회복시키는 능력이 뛰어나다.

매실의 핵심 성분은 잘 알다시피 구연산(Citric Acid)이다. 구연산은 신맛을 내는데, 단순히 맛만 강한 것이 아니다. 몸속에 들어오면 젖산(lactic acid)이라는 피로물질을 분해하고, 에너지 대사를 촉진한다. 비유하자면, 구연산은 몸 안에서 정체된 도로를 뚫어주는 긴급구조 자동차 같다. 막힌 에너지 순환로를 빠르게 청소하고, 소화기관에 활력을 불어넣는다.

매실차를 마시면 위산 분비가 조절되어 더부룩함이 사라지고, 동시에 혈액순환이 촉진되어 전신 피로가 빠르게 해소된다. 특히 식사 후 속이 더부룩하거나, 신물이 올라오는 경우에는 매실차가 탁월한 응급 처방이 된다. 또한 매실에는 미네랄 성분(칼륨, 마그네슘)도 풍부해, 탈수나 전해질 불균형으로 인한 무력감에도 도움을 준다. 그러나, 너무 과하게 마시면 위에 부담을 줄 수 있으니, 적절한 농도로 마시는 것이 중요하다.

국화차(Chrysanthemum tea)는 소화 장애로 과열된 몸을 식혀주는 자연 에어컨과 같다. 특히 소화기 계통이 열받아 염증이 생기거나, 스트레스때문에 두통과 열이 뻗으면 국화차가 신속히 진정시켜 준다. 국화의 주요 성분은 클로로겐산(Chlorogenic Acid)과 루테올린(Luteolin)이라고 한다. 클로로겐산은 항염증 작용을 통해 소화관의 미세한 염증을 진정시키고, 세포 손상을 방지한다. 루테올린은 열나는 느낌을 식히고, 과도한 활성산소를 제거해서 세포 스트레스를 완화시킨다.

비유하자면, 국화차는 발갛 달궈진 엔진을 부드럽게 식혀주는 냉각수와 같다. 엔진이 과열되지 않도록 조심스럽게 온도를 낮추는 셈이다. 특히 소화 불량과 함께 오는 두통이나 눈의 피로, 답답함을 동시에 해결할 수 있는 것이 국화차의 큰 장점이다.

몸 전체에 '열 내리는 신호'를 보내면서 자연스럽게 컨디션을 회복시킨다. 또한 국화차에는 섬세한 향이 있어서 심리적 긴장도 낮춘다. 식사한 뒤 더부룩하면서 몸이 과열되는 느낌이 들 때 국화차를 한 잔 마시면, 속이 탁 트이듯이 시원함을 느낄 수 있다.

페퍼민트차(Peppermint tea)는 정체된 소화기관에 활기를 불어넣는 '신선한 바람' 같다. 소화장애로 답답하고 무거운 몸을 산뜻하게 풀어주는 데 페퍼민트만큼 신속하게 효과를 내는 차도 드물다. 페퍼민트의 주성분은 멘톨(Menthol)이다. 멘톨은 위장관 평활근을 이완시키면서, 동시에 소화를 방해하는 가스와 긴장을 풀어준다. 비유하자면, 페퍼민트는 꽉 막힌 터널에 바람을 불어 넣어 공간을 열어주는 송풍기 같다. 숨 막히던 길목을 시원하게 뚫어, 소화기관이 편안하게 움직일 수 있도록 한다.

페퍼민트차는 과식 후 위가 팽창해 답답할 때, 스트레스때문에 배가 더부룩하고 긴장 된데다가 트림조차 나오지 않고 복부 팽만을 느낄 때 효과가 크다. 또한 멘톨은 부교감 신경을 자극해 몸 전체를 이완시킨다. 그래서 페퍼민트차는 단순한 소화 보조를 넘어, 정신적 스트레스 해소에도 효과가 좋다. 그런데, 위산 역류가 심한 사람은 페퍼민트가 역류를 악화시킬 수 있으므로, 주의하면서 섭취해야 한다.

  이 세 가지 차는 단순히 소화를 돕는 것에 그치지 않고, 몸속 에너지 흐름을 정상화시키고, 만성 피로를 극복할 수 있는 강력한 동반자가 되어준다. 소화기 건강을 회복하는 것은 단순한 편안함 그 이상이다. 몸 전체의 리듬을 되살리고, 삶의 활력을 되찾는 출발점이다. 속이 막히고 몸이 무겁게 느껴질 때, 무심코 넘기지 말아야 한다. 자연이 건네는 한 잔의 차가, 무너진 몸과 마음을 다시 일으켜 세울 수 있다.

나만의 치유 차, 만들고 즐기기

많은 사람들이 즐기는 캐머마일 차는 불면증과 스트레스 해소에 효과적이다. 90도 정도의 뜨거운 물에 3~5분 동안 우리면 부드럽고 은은한 향이 퍼진다. 단, 임신 초기인 사람은 과다 섭취를 주의해야 한다.

페퍼민트 차는 소화를 촉진하고 두통 완화에 도움을 준다. 90도 물에 5분 정도 우리며, 상쾌한 맛이 특징이다. 그러나 위산 역류 증상이 있는 사람은 주의하는 것이 좋다. 레몬밤 차는 긴장을 완화하고 심신 안정을 돕는다. 약 85도의 물에 3~4분간 우리면 상큼한 향이 살아난다. 저혈압이 있는 사람은 섭취량을 조절할 필요가 있다.

생강차는 감기 예방과 항염 작용에 탁월하다. 생강을 얇게 썰어 95도 정도의 뜨거운 물에 5~7분 동안 우린다. 다만 위장이 약한 사람은 과다 섭취를 피하는 것이 좋다.

히비스커스 차는 혈압 조절과 피부 미용에 좋다. 진한 붉은색을 띠며, 95도 물에 4~6분 우리면 새콤한 맛이 우러난다. 저혈압 환자는 과도한 섭취를 삼가야 한다.

루이보스 차는 강력한 항산화 효과와 면역력 강화에 도움을 준다. 끓는 물(100도)에 5~7분 우리며, 특별한 주의사항 없이 누구나 즐길 수 있다.

쟈스민차는 심신 안정을 돕고 피로를 풀어주는 데 좋다. 80도 정도의 뜨거운 물에 2~3분 동안 우리며, 은은한 꽃향기가 퍼진다. 그러나 너무 많이 마시면 오히려 잠을 방해할 수 있다.

감초차는 기침이나 목 통증 완화에 유용하다. 90도 물에 3~5분간 우려내며, 달콤한 맛이 특징이다. 고혈압 환자는 감초차를 과도하게 마시지 않도록 주의해야 한다.

라벤더 차는 긴장 완화와 숙면에 도움을 준다. 85도 물에 3~5분 우려서 마시며, 라벤더 특유의 부드럽고 안정적인 향이 특징이다. 임신 중에는 주의하는 것이 좋다.

5장
차와 몸의 짝 춤

　끊임없이 바쁜 일상 속에서 우리 몸과 마음이 파편처럼 흩어지는 경험을 한다. 많은 이들이 이를 운동이나 명상, 또는 각종 영양제에 기대어 수습하려 한다. 그러나 고개를 돌려 보면, 수천 년 동안 인류와 함께해온 가장 조용한 복원 기술이 있다. 이름하여 '차'. 차는 단순한 음료를 넘어, 일상의 리듬을 세심하게 조율하는 생활 예술이다. 서로 어울리는 짝꿍이되어 추는 '짝 춤'의 극치를 이어갈 수 있는 평생의 친구다. 차를 기다리는 몇 분이야말로, 우리가 진짜 기다렸던 평화 아니겠는가. 찻잔을 놓는 자리에, 오늘의 기분이 앉는다. 그리고 찻잔 물 위에 비친 방 안이 바로 조용한 내면의 지도가 된다.

　차의 가치는 전통적으로 '약과 음식의 중간'이라 불렀다. 현대 과학은 녹차와 홍차, 우롱차, 백차 속 폴리페놀, 카테킨, 테아닌 성분이 항산화, 항염증, 항스트레스 효과를 발휘한다고 귀에 딱지가 내리도록 말하고 있다. 하지만 이 모든 것을 떠나서, 차는 인간의 시간 감각을 다시 짜는 데 탁월한 도구다. 찻잔을 드는 순간, 우리는 흘러가는 시간을 잠시 붙잡고, 무너진 리듬을 다시 엮는다.

일상을 조율하는 차의 기술

우리가 잠을 깬 아침은 신체 에너지가 바닥을 치는 시간이다. 많은 젊은이들이 서둘러 커피로 각성을 시도한다. 출근 때 초헌을 시작으로 아헌과 종헌까지 꼬박꼬박 챙기는 젊은이들 많다. 하지만, 이른 아침 공복커피가 때로는 오히려 초조함과 피로를 부른다. 반면 녹차나 가벼운 홍차는 부드럽게 각성을 이끌어 낸다. 카페인과 테아닌이 절묘하게 섞여, 뇌를 깨우면서도 신경을 조이지 않는다. 단, 공복에 지나치게 떫은 녹차를 마시는 것은 위장을 자극할 수 있다. 부드럽게 발효된 보이차로 하루를 시작하는 것이 더 탁월한 선택이다.

점심때는 어떠한가. 점심 이후 무겁고 둔해진 몸을 다스리는 데도 차는 어울린다. 특히 우롱차는 지방 대사를 촉진하고, 보이차는 혈당 상승을 완화하는 데 도움을 준다. 현대 사회인들처럼 아침을 거르거나, 점심을 때우고, 저역에 폭식을 하는 불규칙 식사는 좋지 않다. 특히, 짧은 점심시간에 급하게 식사를 마쳐야 한다면, 식후 차 한 잔이 위장을 토닥이고 혈당 롤러코스터를 잠재우는 조용한 조력자가 된다.

 오후에는 누구나 몸과 맘이 흐트러진다. 오후 3시 즈음에는 집중력이 바닥나고 정신이 흐릿해진다. 이때 필요한 것은 강한 자극이 아니라, 부드럽지만 지속적인 에너지 공급이다. 백차나 연녹차는 가벼운 카페인과 풍부한 테아닌으로 신경을 예민하게 만들지 않으면서 생산성을 끌어올린다. 각성은 필요하지만, 불안은 필요 없는 시대에 이 차는 미묘한 균형을 맞춰준다.

 저녁에는 또 하루의 끝자락에 다다른다. 평범하지만 소중한 일상이다. 그 사이에 몸과 마음은 이완을 요구한다. 그러나 무심코 마신 커피 한 잔이 깊은 밤까지 신경을 곤두세우는 경우가 많다. 이때 필요한 것은 카페인이 거의 없는 허브차다. 캐머마일, 루이보스, 레몬밤은 신경계를 부드럽게 진정시키고 숙면을 준비하게 한다. 또한 숙성된 보이차는 위장을 따뜻하게 감싸며 소화까지 돕는다.

 그리고 피할 수 없는 '식사와의 조화'를 잊지 말아야 한다. 기름진 식사 후에는 지방 분해를 돕는 우롱차, 담백한 식사 후에는 산뜻한 녹차나 백차가 궁합이 맞다.

 이 모든 원칙을 관통하는 것은 하나다. 차를 억지로 많이 마시는 것이 아니라, 내 몸과 대화를 나누듯 자연스럽게 루틴 속에 녹여야 한다는 것이다. 조급함은 리듬을 무너뜨린다. 찻잔을 드는 행위는 결국 자기 자신에게 '짝춤 출 시간'을 선물하는 일이다.

차 생활은 삶을 조율하는 작은 혁명이다. 우리 전통 다도에서는 '다반사(茶飯事)'라는 표현을 쓴다. '차를 마시는 일이 밥 먹는 일처럼 자연스럽다'는 뜻이다. 이는 차를 특별한 의식으로 격상시키는 것이 아니라, 일상의 한복판에 자연스럽게 스며들게 하는 태도를 강조한다.

차를 마시는 시간은 결국 쉼의 순간, 성찰의 순간이다. 현대 사회가 잃어버린 리듬 즉, 멈추고, 숨 쉬고, 자신을 돌아보는 리듬을 회복하는 거룩한 행위다. 단순히 건강을 위한 식이요법이 아니라, 존재를 가다듬는 '문화적 행위'가 된다.

차는 흩어진 몸과 마음을 다시 끌어모으는 리듬의 매개다. 하루의 시작과 끝, 그 사이의 모든 순간을 차로 리듬화할 때, 우리는 비로소 몸과 정신, 그리고 삶 자체를 부드럽게 조율할 수 있다. 차 생활은 거창한 결심이 아니라, 찻잔 하나로 하루를 설계하는 섬세한 기술이다. 작은 습관이 모여 존재를 만든다. 한 잔 속에는 생각보다 깊고 조용한 혁명이 숨어 있다.

상황 따라, 체질 따라, 세 동반자

업무에 몰입해야 할 때, 많은 이들은 언제부턴가 습관처럼 커피를 찾는다. 그러나 과도한 카페인은 순간적인 각성은 줄지 몰라도, 금세 예민함과 피로를 불러온다. 이럴 때 필요한 것은 부드럽

다반사의 미학

차와 음식의 궁합은 단순한 기호가 아니라 오랫동안에 걸친 전통과 과학의 결합이다. 다반사라는 말은 차와 밥의 일상이라는 뜻이다. 식사와 잘 어울리는 차는 식사의 종류, 성질, 음식의 풍미와 식감에 따라 달라진다.

녹차는 쌉쌀하고 은은한 단맛이 돌기 때문에 기름지지 않은 음식과 잘 어울린다. 회, 생선구이, 백숙, 나물 반찬, 고소하고 담백한 한식 구성과 딱 어울린다. 기름진 고기랑 먹으면 차의 떫은 맛이 과해질 수 있으니까 피하는 게 좋다.

보이차는 발효차라서 향도 무겁고 맛도 진하다. 그래서 중국 요리처럼 기름지고 양념이 강한 음식과 먹으면 입안을 정리해주는 역할을 한다. 삼겹살이나 탕수육 같은 음식도 보이차랑 같이 먹으면 잘 맞아 약간의 디톡스 효과를 기대하는 사람들도 있을 정도이다.

우롱차는 반발효차라서 약간의 꽃향과 구수한 맛이 공존한다. 그래서 구운 음식이나 훈제 음식과 울리므로 닭구이, 고등어구이, 숯불갈비 같은 음식을 마친 뒤에 마시면 입안에 남는 기름기를 정리해 주면서 음식의 풍미를 살려준다. 홍차는 향이 강하고 단맛이 살짝 있어서 케이크, 스콘, 쿠키 같은 디저트류와 잘 어울린다. 영국식 티타임이 괜히 만들어진 게 아니다. 홍차의 타닌이 단맛을 정리해 주고, 입을 개운하게 만들어 준다. 다만, 설탕을 너무 많이 넣으면 오히려 맛의 균형이 깨진다.

카페인 없는 허브차는 식단 관리하는 사람들에게 인기가 많다. 페퍼민트는 소화 촉진, 캐머마일은 진정 효과, 루이보스는 항산화 작용을 한다. 그래서 샐러드, 쌀밥 식사, 요거트, 닭가슴살 같은 음식과 잘 어울린다. 음식이 심심해도 차 덕분에 심심하지는 않다.

차를 마신다는 건 그 자체가 음식의 일부분이다. 이것을 제대로 알아채는 사람은 별로 없겠지만, 최대한 아주 미세한 감성이라도 살려내 즐겨보자.

현대 사회인은 끊임없이 움직이고 추구한다. 우리의 신체와 정신은 시도 때도 없이 긴장과 이완, 집중과 피로 사이를 오간다. 이 변화무쌍한 흐름 속에서, 차 한 잔은 놀라운 조율사가 될 수 있다. 차는 음료일 뿐만 아니라, 상황에 따라 우리를 세심하게 돌보는 작은 의식이다. 몸과 마음의 필요에 따라 차를 선택하고 마시는 일은, 결국 조용하게 자신을 존중해주는 방식이다.

게 다가와서 지속적으로 에너지를 높여주는 것이다. 가벼운 녹차나 백차는 카페인과 테아닌이 절묘하게 조화를 이루어, 날카롭지 않은 집중력을 선사한다.

특히 오후 회의나 복잡한 기획 업무를 앞두고 백차 한 잔을 마시는 것은 효과적이다. 백차 특유의 은은한 맛과 낮은 카페인 함량은 긴장감을 누그러뜨리면서도 뇌를 깨운다. 급격한 에너지 폭발이 아니라, 꾸준히 지속되는 집중 상태. 이는 결국 더 깊은 몰입과 더 나은 결과를 가져온다.

현대인은 바쁜 일상과 만성 스트레스 속에서 쉽게 지치고, 피로와 면역 저하, 각종 질병에 노출되기 쉽다. 이럴 때 값비싼 건강식품보다 우리 전통차가 주는 자연스러운 회복력이 오히려 더 강력한 해답이 될 수 있다. 인삼차, 오미자차, 꿀차를 중심으로 민간에서 오랫동안 애용되어 온 전통차들은 단순한 음료를 넘어선 생활 속 건강 보조제다.

인삼차는 예로부터 '약방의 감초'처럼 사용된 대표적인 강장제다. 사포닌과 진세노사이드 성분은 피로 회복, 면역력 강화, 집중력 향상에 효과가 있어 수험생과 직장인에게 특히 유익하다. 공복에 따뜻하게 마시되 꿀을 넣으면 쓴맛을 줄이고 체내 흡수율을 높일 수 있다. 여름에는 냉차로도 활용 가능하지만, 고혈압이나 심장 질환이 있다면 과용은 피해야 한다. 민간에선 인삼을 혈액순환 개선, 당 대사 촉진, 항산화 강화용으로도 애용해왔다.

오미자차는 오미자에 함유된 쉬잔드린, 고미신 등의 성분 덕분에 간 기능 회복, 기관지 건강, 피로 해소에 뛰어나다. 다섯 가지 맛이 조화를 이루며, 목을 많이 쓰는 직업군에 특히 권장할만하다. 따뜻하거나 차게 마셔도 좋고, 피로가 몰려오는 오후에 집중력 회복에도 효과적이다. 숙취 해소에도 민간에서 즐겨 썼으며, '천연 간 해독제'로 불리기도 한다.

꿀차는 항균, 항염 작용이 뛰어난 자연 보약이다. 목이 아프거나 감기 기운이 있을 때 따뜻한 꿀차 한 잔은 약보다 나은 효과를 줄 수 있다. 여기에 레몬을 넣으면 비타민 C까지 보충 가능하다. 장운동을 촉진하고 위장을 부드럽게 해주는 효과도 있어 아침 공복에 마시기 적합하다. 꿀은 예로부터 상처 치료, 기침 억제, 면역력 증진에 활용돼 왔으며, 아이부터 노인까지 부담 없이 마실 수 있는 만능 식재료다.

이 외에도 대추차는 진정 작용과 불면 해소에, 생강차는 소화 개선과 혈액순환 촉진에, 감잎차는 고혈압 조절과 항산화 작용에 도움을 준다. 특히 감잎에는 루틴과 비타민 P가 풍부해 혈관 건강에 좋다고 알려져 있다. 각각의 차는 민간에서 특정 체질과 증상에 맞게 사용되어 왔으며, 자신의 몸 상태에 맞는 선택이 중요하다.

더 나아가 차를 단순히 마시는 것이 아니라, 하루 중 특정 시간에 정기적으로 즐기는 일상으로 삼는 것도 효과적이다. 예를 들어, 아침엔 인삼차로 활력을 채우고, 오후엔 오미자차로 피로를 털고, 밤엔 꿀차나 대추차로 하루를 차분히 마무리하는 식이다. 이 짧은 차 한 잔의 시간이 몸과 마음을 정돈해주며 정신적 여유까지 제공한다.

결국 건강은 거창한 변화보다 작은 습관에서 시작된다. 전통차는 바로 그런 습관의 실천이자, 민간의 지혜가 응축된 천연 처방이다. 병원 문턱을 자주 넘기 전에, 일상 속에서 차 한 잔을 마시는 습관을 들여보자. 마시는 차 한 잔이 오늘보다 건강한 내일을 위한 작은 치유들이 될 것이다.

스트레스가 심해서 긴장과 불안이 마음을 짓누를 때, 우리에겐 진정이 필요하다. 이때 허브차는 조용하지만 쎈 효력을 발휘한다. 레몬밤차는 상큼한 향기와 함께 신경계를 부드럽게 안정시키고, 패션플라워차는 불안과 초조함을 잠재우는 데 도움을 준다.

스트레스 상황에서 허브차 한 잔을 마시는 행위는 단순한 목축임이 아니라, 셀프 돌봄 의식이 다. 손에 쥐여있는 차 한 잔이 외부 세계의 소음을 잠시 차단하고 내면의 평화를 되찾는다. 이것은 어쩌면 바쁜 세상 속에서 우리가 가장 쉽게 실천할 수 있는 셀프 자비의 순간이다.

소화불량으로 불안하고 불편할 때, 위장을 위한 부드러운 응급처치가 필요하다. 식사 후 더부룩함이나 소화 불량을 경험하는 것은 직장인들이 달고 사는 흔한 일이다. 이런 스트레스에서 차는 단순한 일상음료를 훌쩍 넘어서서 소화기관을 도와주는 119 응급

처치대가 된다. 위장에 다가가서 우롱차와 보이차는 지방 대사를 촉진하고, 민트차는 긴장을 풀어준다.

예를 들어, 무거운 고기류나 기름진 식사를 마친 후 생긴 스트레스는 매우 불유쾌하다. 우롱차 한 잔을 마시면 위장의 부담을 덜 수 있다. 민트차는 상쾌한 향과 함께 소화기를 부드럽게 자극하여 불편함을 완화한다. 차는 약이 아니다. 그러나 몸이 불편을 신호할 때, 가장 부드럽게 응답하는 동반자가 되어줄 수 있다.

스마트폰 불빛과 무심코 마신 늦은 커피 한 잔은 우리의 깊은 잠을 방해한다. 숙면을 해야하는 깊은 밤에 필요한 것은 무카페인 허브차다. 캐머마일은 고요한 달빛처럼 신경계를 달래주고, 루이보스는 부드럽게 몸을 감싸며 진정시킨다. 발레리안 루트차는 강력한 신경 안정 효과로 숙면을 돕는다.

자기 전 루이보스차 한 잔을 마시는 것은 단순한 습관이 아니라, 몸과 마음에게 보내는 마지막 인사다. "오늘도 잘 버텨줘서 고마워." 이렇게 스스로를 다독이는 루틴은 깊고 안정적인 수면으로 이어진다.

차는 상황에 따라 섭취할 때 그 진가를 드러낸다. 단순히 '건강에 좋다'는 막연한 믿음으로 마시는 것이 아니라, 나의 몸 상태와 환경, 마음의 흐름을 섬세하게 읽고 선택하는 것이 건강한 차 생활의 핵심이다.

차를 통해 우리는 결국 자기 몸과 조용히 대화하게 된다. 하루의 몰입이 필요할 때, 불안에 짓눌릴 때, 몸이 신호를 보낼 때, 깊은 쉼이 필요할 때. 그 모든 순간, 적절한 한 잔의 차는 우리에게 이렇게 말한다.

"괜찮아, 조금만 쉬어도 돼."

차는 그렇게, 우리가 잃어버린 삶의 리듬을 되돌려준다.

 이런 체질에는, 이런 차

체질에 맞게 차 복용의 리듬을 설계하는 것은 중요하다. 이말에 공감한다면, 우선 '체질'을 점검해 봐야 한다. 손발이 차고 소화가 약한 냉성 체질인 사람은 따뜻한 성질을 가진 차를 복용하는 것이 좋다. 보이차, 홍차, 계피차 등이 바로 이에 해당한다. 예를 들어, 평소 손발이 차가운 사람이 보이차를 꾸준히 마시면 위장을 따뜻하게 보호하고 냉증을 완화할 수 있다.

몸에 열이 많고 얼굴이 잘 붉어지는 사람은 청량하고 쓴맛이 도는 차를 선택해야 한다. 녹차, 백차, 국화차가 좋다. 예를 들어, 여름철 얼굴이 쉽게 붉어지는 사람이 시원한 녹차를 마시면 체온 조절이 원활해진다.

기력이 약하고 쉽게 피로를 느끼는 사람은 부드럽고 보습력이 있는 차를 섭취해야 한다. 인삼차, 대추차, 감잎차가 이에 해당한다. 예를 들어, 수험생이나 과로로 지친 직장인이 대추차를 마시면 기운을 보강하고 면역력을 높일 수 있다.

스트레스에 민감하고 신경이 예민한 사람은 이완을 돕는 차가 필요하다. 캐머마일차, 레몬밤차, 라벤더차 등을 추천한다. 예를 들어, 중요한 발표 전 긴장감이 심할 때 캐머마일차 한 잔을 마시면 마음을 안정시키는 데 큰 도움이 된다.

story 3

예술을 마시고, 문화를 우려내다

문화로 기억을 적시고
예술로 그 위에 꽃을 그리고
세번째 잔에서 마침내 치유로 피어나다.

6장
차의 미학과 정신문화

　차 문화는 삶에서 비롯된 태도이자 정신적 실천으로 이어지며 자리 잡아왔다. 고대부터 현대에 이르기까지 차를 매개로 한 철학적 사유와 감성의 흐름에서 문화를 이뤄왔다. 특별히 밭 농사나 물 농사를 짓는 동아시아인들에게는 고유의 미학과 정신세계를 형성하는 데 중추적 역할을 했다. 우리나라를 비롯해서 중국의 차 문화는 서로 다른 환경과 시대적 맥락 속에서 독특하게 발전했다. 그러나, '차를 통한 마음 다스리기'는 공통된 철학적 지향점을 갖는다. 찻잔을 드는 순간, 우리는 감각의 문 앞에 다시 서게 된다. 혹시 향기 하나로 떠오르는 기억이 있다면, 그것은 진짜 감각이다. 차는 맛보다 향이고, 향은 말보다 빠르게 감각으로 새겨지고 남는다.

차 문화의 철학과 정서

차를 떠올릴 때 먼저 느끼는 철학적 정서는 차를 도(道)와 연결시키는 데서 찾을 수 있을 것이다. 그리고 차에 예술을 덧붙이는 것이다.

동아시아 차 문화의 뿌리는 중국 당나라 육우(陸羽)의 다경(茶經)에서 찾을 수 있다. 여기서는 차를 단순한 기호품이 아닌 인간과 자연의 조화 속에서 수련을 하는 매개로 삼았다. 차는 자연의 리듬을 따르고, 그 단순함과 청렴함을 몸에 익히는 과정이라는 것이다. '잘 다린 한 잔의 차'는 결국 자연과 인간이 하나로 되는 순간을 실현하는 것이다.

한편 조선시대에는 선비 정신과 유교적 절제가 차 문화에 스며들어 '다례(茶禮)'라는 형식미와 내면 수양의 문화를 발전시켰다. 이러한 전통은 일본에 전해지면서 선불교(禪佛敎)와 결합했고, '다도(茶道)'라는 형태로 승화됐다. 일본의 다도는 무로마치 시대(室町時代) 이후 '와비(侘び)'와 '사비(寂び)'라는 미적 감성을 강조하며, '결핍 속에서 아름다움을 찾는' 철학까지 뻗어갔다.

차는 예술적 감성을 종합적으로 나타내면서, 동아시아 차 문화의 정서적 특질을 결정지었다. 차를 대하는 것은 단지 건조한 입술을 적시는 식음활동이 아니다. 차 생활 속에서 이뤄지는 삶의 일상적 순간들을 더 깊게 음미하고, 순간의 정서를 아름답게 승화

다경(茶經)

다경은 육우가 후저우(湖州)에 은거하며(760~780) 썼다. 그 뒤 시간이 흐름에 따라 여러 차례 필사되어 전해 오면서, 서로 다른 내용을 포함하고 여러 판본으로 나뉘었다. 상, 중, 하권으로 이뤄졌고 10개 항목으로 구성된 내용은 다음과 같다.

상권 일지원(一之源)에서는 차나무의 식물학적 특징, 차의 모양과 명칭, 차나무의 생장 환경, 차의 품질과 선별 방법, 차의 효능을 논했다. 그리고 이지구(二之具)에서 차를 채취하고 만드는 도구를, 삼지조(三之造)는 차를 만드는 방법, 차의 성품에 따른 품질 구분 방법을 논의하고 있다.

중권(卷中) 사지기(四之器)에서는 차를 다리고 마시는 도구를 설명한다.

하권(卷下) 오지자(五之煮)에서는 차를 끓이는 과정과 기법, 육지음(六之飮)에서 차의 효능, 차를 마시는 전통적 방법, 차의 품질을 가르는 9가지 요소를 다뤘다. 칠지사(七之事)에서는 상고시대부터 당나라 때 까지의 차와 관련된 역사적 자료, 의학적 효능, 명사들의 일화를 포함하여 설명했다. 팔지출(八之出)은 당나라 시기 차의 주요 산지에 따른 명칭과 품질, 구지략(九之略)은 산에서 야생 차나무를 보았을 때 간략히 차를 다리는 도구와 방법, 십지도(十之圖)는 다예를 표현한 그림을 제시했다.

《다경》에 힘입어 중국의 차 마시기는 문화로 형성되어 물, 술과 함께 음료로 중시했다. 아울러 찻잔 제작을 공예 수준으로 끌어 올렸고, 음용 방식도 별나게 정리하여 차 문화를 형성하였다. 차 제작은 찻잎에 미세하게 남아 있는 수분을 증발시키는 증청법을 소개하였다. 차 마시는 방법은 전다법을 주장하여 끓기 전의 뜨거운 물에 말차를 넣어 달이 방법으로도 소개하였다.

시키는 가치를 부여했다. 예를 들어, 우리나라에서는 다도를 '정중동(靜中動, 고요 속 움직임)'의 미학으로 구현했다. 이에 주목하면, 조선 선비들이 다례를 통해 자기 성찰과 심신 수양을 실천했다. 차를 마시는 순간마저도 도덕적, 철학적 가치를 부여했다. '차 한 잔에 우주가 담겨 있다'는 말은 결코 과장이 아니다. 다사(茶詞)와 다시(茶詩)가 유행을 타면서 차를 매개로 한 문학 창작이 활발했었다. 차를 마시는 행위는 '삶을 시로 바꾸는' 정서적 변환의 공간이 되었다. 차를 매개로 하는 차회 모임에서 만나는 기회를 소중히 여겼다. 별도로 다실(茶室)을 만들어 외부 세계와 단절한 상태에서 그 안에서는 모든 행위가 의식적이며, 매 순간이 되풀이되지 않는 특별한 것으로 여겼다. 마치 현대 MZ세대들이 즐기는 그들만의 '한정판 경험', '에픽 모먼트'에 대한 감성과도 연결된다.

차 문화에 내포된 철학을 현대적 의미로 재정리한다면 차의 가치가 더 실감 날 것이다. 특히 MZ세대는 빠르고 즉각적인 반응을 중시하는 디지털 네이티브다. 그러나 차문화가 전하는 메시지는 오히려 이들의 정신적 피로를 치유하는 데 도움이 된다. '차를 끓이고 기다리는 시간'은 바로 '디지털 디톡스'의 시간이자, '마음 챙김(Mindfulness)'의 실천이다. 명상과 자기성찰이 각광받는 현대 사회에서, 동아시아 차문화는 선(禪)적인 사고와 함께 '지금 여기'를 제대로 사는 법을 가르친다.

또한 차를 통한 관계 맺기, 즉 '차모임(茶會)'은 소셜 미디어 피드백이 아닌, 느리고 깊은 인간 관계의 복원을 제안한다. 느림의 미학, 결핍의 미학, 자연스러움의 아름다움을 배우는 것, 이것이 차 문화가 오늘날에도 여전히 살아 숨 쉬는 이유다.

차 문화에서 미학의 실천적 가치를 찾아 본다면 차 문화는 그 자

차담회 초청 편지글

"계춘망일(季春望日)에 한줄기 서늘한 기운 펴오니, 차 한 잔으로 군자의 덕을 나누고자 합니다" (『송강정사집』)

"어제 새로 구한 쌍계차(雙溪茶)가 도착하였으니, 군께서 오셔서 함께 평론해 주시기를"(『율곡전서』)

"창밖에 매화 눈이 내리니, 차 한 잔의 정취를 함께 하시지 않겠는가"(『목은집』)

"차 재배법과 저장 기술을 교환코자"(『임원경제지』 농정편)

"늦가을 맑은 날씨에 우리 서원 동쪽 다실에서 사군자를 논하려 하오니, 편안히 오시어 지난번 미결(未決)되었던 성리학 문제를 마저 풀어봅시다" (퇴계 이황, 1558년)

"강진 망운재(望雲齋)에서 매월 초하루 열리는 차회에는 지방 문인들과 『목민심서』 초고를 검토했다" (『여유당전서』)

차담회(茶談會) 초청장은 단순한 모임 알림 편지에 그치지 않는다. 예술적인 글쓰기의 표본, 지식 네트워크의 방식이었다. 문화사적 자료로 조선 중후기 사대부 문화의 구체적 단면도 잘 보여주었다.

체로 종합예술이다. 다기(茶器)의 디자인, 다도(茶道)의 동작, 다실(茶室)의 건축까지, 모든 요소는 '아름다움과 기능성'을 동시에 추구한다. 다기 하나를 통해 '텅 빈 가운데 충만한 기운'을 느끼게 하며, 다실을 통해 '비움 속 가득함'의 철학을 몸으로 체험하게 한다. 이는 MZ세대가 추구하는 '미니멀리즘'과도 정확히 맞닿는다.

이렇게 보면, 차를 마시는 행위는 자기 자신과 세상에 대한 예민한 감각을 키우고, 일상 속에서 예술적 삶을 실천하는 길이다. 차 문화의 철학은 우리에게 묻는다. "속도보다 중요한 것은 무엇인가?" "소유보다 더 깊은 경험은 어디서 오는가?" "무엇이 진짜 나다운 삶인가?"

우리의 차문화는 그저 오래된 세월이 남겨준 단순한 전통이 아니다. 그것은 '사유하는 삶'을 가능하게 하는 미학이자 정신적 기술이다. 현대를 살아가는 우리에게 차는 여전히 살아 숨쉬는 의미다. 느리고 깊게, 자연스럽고 정성스럽게 살아가는 법. 차는 가르치지 않고, 다만 '그렇게 살아 가라'고 속삭인다. 이렇게 차 한 잔을 우려내는 시간 속에서, 우리는 비로소 참 나를 만난다.

조용함, 비움, 느림

오늘날 우리는 시끄럽고 빠른 세상 속을 살아간다. SNS 알림, 초고속 스트리밍, 짧은 영상 콘텐츠가 일상이 되었다. 그러나 인간의 감각은 본래 이처럼 '속도와 과잉'에 맞춰진 것이 아니었다. 오히려 조용함, 비움, 느림 같은 질감은 인간들의 감각을 섬세하게 다듬고, 삶을 더 풍요롭게 만들었다. 차 문화는 이 같은 질감 언어를 중심으로 감각의 질서를 다시 세우는 '문화적 힘'을 보여주고 있다.

'조용함'의 질감은 어디서 나오는가. 조용함은 우선 내면의 공간을 여는 힘을 지니고 있다. 조용함은 소리의 부재를 넘어서서, 감각을 다시 깨어나게 만드는 환경이다. 차를 다루는 공간을 살짝

찻잔과 받침대로 본 인간관계

　찻잔 받침대는 기본적으로 찻잔을 지탱하고 보호한다. 이 역할은 인간관계에서의 지지와 균형을 상징적으로 비유할 수도 있겠다.
　찻잔 받침대는 찻잔이 안정적으로 놓일 수 있도록 지지한다. 찻잔이 받침대 위에 안정적으로 놓이는 것처럼, 인간관계에서도 우리는 서로의 존재로부터 심리적 안정감을 얻는다. 좋은 관계는 서로를 지지하며, 힘들 때 의지할 수 있다. 받침대가 없으면 찻잔이 불안정해지듯, 지지 없는 관계는 불안정하고 불확실하다. 또한 찻잔과 받침대는 균형을 이룬다. 균형 잡힌 관계는 서로의 필요를 존중하고, 공감과 배려로 안정된 관계를 유지한다. 받침대는 찻잔이 기울거나 떨어지지 않게 보호하며, 인간관계에서도 우리는 서로의 균형을 유지하기 위해 노력한다.
　찻잔 받침대는 뜨거운 찻잔이 테이블에 직접 닿지 않게 하며 테이블을 보호한다. 이는 인간관계에서 서로를 보호하고 배려하는 마음과 비슷하다. 우선 인간관계에서는 서로의 감정을 보호하고 상처받지 않도록 배려한다. 받침대가 완충 역할을 하듯 인간관계에서도 갈등을 완화하고, 서로의 감정을 보호한다. 찻잔을 받침대에 올려놓는 것처럼 배려의 표현으로서 인간관계에서도 더욱 건강하고 조화로운 관계를 만든다. 받침대는 이러한 배려의 상징으로, 상대방을 존중하고 배려하는 인간관계의 마음 씀씀이를 나타낸다.
　찻잔 받침대는 찻잔을 지탱하지만, 찻잔 자체의 독립성은 유지시킨다. 이는 인간관계에서의 지원과 독립성의 균형을 상징한다. 건강한 관계는 서로의 독립성을 존중하면서도 필요한 순간에 지지해 주는 관계이다. 균형 잡힌 지원을 위해 지나친 간섭이나 무관심은 관계를 해칠 수 있어 적절한 수준의 지원과 독립성 유지가 중요하다.
　찻잔 받침대는 찻잔과 함께 조화를 이루며 미적 가치를 제공한다. 이는 인간관계에서의 아름다움과 풍요로움을 상징한다. 관계에서의 조화는 서로의 다름을 인정하고 존중하는 데서 시작된다. 인간관계에서도 서로를 존중하고 배려하는 작은 행동들이 관계를 풍요롭게 하며, 서로에게 기쁨과 만족을 가져다준다. 찻잔과 받침대를 앞에 놓고 차 한잔을 마시며 우리는 인간관계의 깊이와 풍요로움을 다시금 깨달을 수 있다. 찻잔에서 돌봄과 배려를 깨닫고 배운다.

떠올려보자. 정자에 마련된 다실(茶室)에는 인위적인 소리가 거의 없다. 바람에 흔들리는 대나무 소리, 끓는 물이 '고르르' 울리는 소리, 다관에 물이 닿을 때 퍼지는 부드러운 소리. 이 모두가 인간의 개입이 최소화된 '자연의 소리'다. 나아가 조용함은 사람의 내면을 끌어낸다. 현대 심리학에서도 '소리 없는 시간'은 자아 회복과 깊은 사고를 촉진한다고 본다. 특히 차문화에서 조용함은 곧 존중이다. 상대방과 나 사이의 침묵은 어색함이 아니라, 함께 존재하는 것 자체를 인정하는 행위다. 우리의 전통 다례에서도, 차를 따르고 마시는 동안 대화는 거의 거둬둔다. 소통은 시선, 미소, 차에서 퍼지는 향으로 이뤄진다. 이 '조용한 커뮤니케이션'이 오히려 마음을 깊게 연결한다.

그렇다면, '비움'의 미학은 또 무엇인가. 역설적이지만 비움은 존재를 강조하는 미학이다. 비움은 곧 가득 채우는 일이다. 차 도구를 보면 요란스런 장식이나 과시가 없다. 얇게 빚은 백자 다완(茶碗)이나 거칠고 투박한 다완은 겉보기에는 그저 단순하지만, 쓰는 이의 손길과 온도를 섬세히 반영한다. 비움은 '결핍 상태'를 의미하기보다는 새로운 '가능성'을 품는다. 공간이 비어 있기에 움직임이 생기고, 다기가 단순하기에 차 맛이 더 돋보인다. 차를 우려내는 동작도 마찬가지다. 최대한 군더더기 없이, 필요한 것만 남긴다. 최고의 차도에서는 다관(茶壺) 하나와 찻잔 하나로 모든 차례를 치렀다고 한다. 다기 다섯 개를 늘어놓는 대신, 하나의 기물과 오롯이 대면하는 경험을 추구한 것이다. 명절 때 차례를 올리는 것은 바로 이 비움의 미학을 표현하는 선비다운 생활 모습아니겠는가.

'느림'은 무엇을 품고 있는가. 이는 시간을 새롭게 경험하는 힘을 갖는다. 차는 느려야 맛이 깊다. 급하게 끓인 물, 성급하게 우려낸 찻잎은 제대로 된 향과 맛을 낼 수가 없다. 물을 데우는 동안 기다리고, 찻잎이 피어나는 모습을 그윽히 바라보고, 차가 충분히 우러나기를 조용히 기다리는 모든 순간에 느림을 체험하게 된다. 여기서 중요한 것은, 느림이 단순히 '속도의 감소'가 아니라, '경험의 밀도 증가'라는 점이다. 빠른 세계에서는 놓쳐버리는 감정들, 예를 들면 차가 천천히 식어가는 온도의 변화, 입안에서 맴도는 미세한 향미는 느릴수록 더 선명히 체험할 수 있다. 함께 차를 나누는 모임에서조차도 느림 속에서 정지된 순간순간을 소중히 여긴다. 차를 한 모금 마시는 동안, 우리는 단순히 '차를 마신' 것이 아니라, '하루의 한 순간을 통째로 경험한' 것이 된다.

감각을 일깨우는 차의 손길

형태가 없는 조용함, 비움, 느림은 단순히 개인적 명상의 도구가 아니다. 이들은 사회적, 문화적 차원에서 감각의 방식을 새롭게 바꾼다. 조용함은 상대방을 경청하게 하고, 비움은 본질을 보게

나이별로 선호하는 찻잔

　찻잔을 선호하는 기준은 나이에 따라서 주로 디자인, 용도, 실용성에 있다. 어린이는 밝고 귀여운 디자인, 밝은 색상과 귀여운 캐릭터가 그려진 찻잔을 좋아한다. 다만, 안전을 고려해서 내구성이 강한 재질(플라스틱, 멜라민)의 깨지지 않는 찻잔이 좋다.

　청소년들이 선호하는 찻잔은 트렌디하고 개성 있는 디자인, 이중 구조 컵 (투명 유리컵, 테이크아웃 스타일 컵)이다. 청소년들은 유니크하고 트렌디한 디자인을 선호하며, SNS에 사진을 올릴 때 멋있어 보이는 찻잔을 선택한다. 또는 휴대성이 좋은 찻잔도 인기가 있다.

　어른들이 선호하는 찻잔은 세련되고 심플한 디자인, 고급스러운 소재의 도자기나 유리잔이다. 성인들은 심플하면서도 세련된 찻잔을 선호하며, 재질이나 브랜드에 관심을 갖는다. 사무실에서는 사용하기 좋은 미니멀리즘 스타일의 찻잔을 선택하는 경향도 있다

　중장년이 선호하는 찻잔는 전통적이고 품격 있는 디자인, 정갈한 도자기 찻잔으로 특히 청자, 백자를 좋아한다. 그 이유는 중장년층은 전통적인 미학을 중시하며, 역사와 문화가 담긴 찻잔을 선호하기 때문이다. 차를 마시는 시간을 여유롭게 즐기기 위해 품질 좋은 도자기 찻잔을 선택하는 것이다.

　노년층은 편안하고 사용하기 쉬운 디자인, 손잡이가 편리한 가벼운 소재를 좋아한다. 노년층은 실용성을 중시하며, 잡기에 편하고 무겁지 않은 찻잔, 그리고 찻잔이 손에 잘 맞고 따뜻함을 오래 유지하는 것도 중요하게 생각한다.

　이러한 경향은 개인의 취향, 생활 방식, 문화적 배경에 따라 달라질 수도 있지만 그때만 누릴 수 있는 정신적 호사이다.

하며, 느림은 시간을 깊게 살아가게 만든다.

　차 문화는 이 세 가지를 따라 인간 감각을 '고도로 정제된 상태' 로 끌어올린다. 말하자면 차를 마시는 행위는 '감각 리셋' 의식이

다. 도시의 소음, 디지털 과부하 속에 무뎌진 우리의 감각을 다시 섬세하고 깊게 만드는 것이다.

이는 단지 개인 차원에 머물지 않는다. 조용한 공간을 존중하는 문화, 과시가 아닌 본질을 추구하는 가치관, 속도가 아니라 깊이를 중시하는 사회 풍토가 차 문화를 통해 공동체 안에도 퍼져나갔다. 우리 전통사회가 오랜 세월 동안 정서적 안정과 자연 친화적 세계관을 유지할 수 있었던 것도 이 '문화적 힘' 덕분이라고 본다.

소용돌이 현대사회를 살아가는 우리에게 차 문화가 주는 메시지는 이토록 단순하지만 힘이 있다. MZ세대는 빠름이 자랑인 세상에 태어났지만, 조용함과 비움, 느림에 대한 감수성 또한 누구보다 강하다. 요즘 떠오르는 '로컬 감성', '슬로우 라이프', '마인드풀니스' 열풍은 그 증거다.

차를 마시는 것은 단순히 전통문화를 체험하는 데 그치지 않는다. 조용함을 받아들이고, 비움을 즐기며, 느림을 사랑하는 새로운 감각 혁명을 일깨우는 것이다. 차 한 잔 속에서 우리는 세계를 다시 느끼고, 나를 다시 만난다. 그렇기에 차 문화는 '과거의 유산'이 아니라, '미래를 위한 기술'이다.

다도는 왜 숙제처럼 느껴질까?

흔히 '다도'라고 하면 대부분 사람들의 뇌에는 자동으로 한복, 나무 찻상, 침묵, 그리고 허리통증이 같이 소환된다. 어디서 본 듯한, 하지만 직접 해본 적은 거의 없는 그 장면들. 차를 마신다기보다는, 우아하게 차 마시는 척 해야 하는 형식몰입 체험인 것이다. 다도는 그 자체보다도 "이렇게 해야 맞다"는 문화적 코드가 너무 강해서, 마음 편히 앉아 있기가 힘들다. 이건 맛의 문제가 아니라, 기대되는 태도의 문제다. 맛이 있든 없든, 일단 허리를 세워야 한다.

다도가 '마시는' 행위예술처럼 보여주는 퍼포먼스로 진화한 것은 우리보다 일본 쪽이 훨씬 더 심하다. 일본에서는 차 맛은 뒷전이고, 자세와 정신 수양의 고행과 사진촬영 코스가 지배한다.

우리 다도가 유교나 불교 성향으로 채워져 있어 얼마나 다행인지 모른다. 우리 다도의 구조에는 유교적 예절과 형식 위에, 불교적 '무소유' 감성까지 얹혀져 있다. 그리고 개발 년대를 거치면서 사라진 전통을 회복해야 한다는 의무감 비슷하게 들어 온 공공 주도의 캠페인이 정신 수양 도구로 기획된 듯했었다.

그러나 요즘 다도는 변하고 있다. 정확히 말하면, 드디어 재미를 찾기 시작했다. 젊은 세대들이 한옥에서 친구들이랑 웃으며 다도 체험하는 사진을 인스타에 올리고, '비건 디저트 + 전통차'라는 조합이 등장하며 감성으로의 회귀가 시작됐다. 명상, 치유, 자기 돌봄과 연결된 이 새로운 다도는 고리타분한 형식 대신 공간, 취향, 경험에 초점을 맞춘다.

물론 여전히 이건 진짜 다도가 아니라고 외치는 사람들도 있다. 그런 말도 이제는 카페의 소음처럼 흘러듣는 법을 젊은 세대는 잘 안다. 차를 '어떻게' 마시는가보다, '누구와' '왜' 마시는가가 중요한 시대다. 다도의 재해석은 어쩌면 신세대 다도의 진짜 시작인지도 모른다.

7장
예술로서의 차 경험

오늘날 우리는 급속한 변화와 끝없는 경쟁 속에 살고 있다. 그 변화가 휘몰이 장단으로 밀려 와 문화환경을 전에 없던 모습으로 바꿔가고 있다. 그 가운데서도 MZ세대는 꿋꿋하게 디지털 기술을 자유롭게 다루고, 지속적인 연결과 과잉 정보로 인한 심리적 피로를 떨쳐내려 애쓴다. 이러한 시대에, 전통문화인 다도와 다례는 단순한 옛것이 아니라, 예술적 경험이자 치유적 의례로 다시 조명받고 있다. 차를 마시는 순간은 감각을 깨우고, 마음을 가라앉히며, 존재를 재확인하는 예술적 정서로 변신할 수가 있다.

다도와 다례 : 의례적 구조와 예술성

다도는 단순히 차를 끓여서 마시는 행위에 그치지는 않는다. 물 흘러내리는 소리, 찻잔의 온기, 차향(茶香)이 얽혀 퍼진다. 서로를 향한 인사, 그리고 모든 동작이 의식적이고 미학적이다. 우리나라의 다례에서는 이때 펼치는 한 순간 한 순간을 소중히 여긴다.

이는 현대 예술에서 말하는 '퍼포먼스 아트(performance art)'와도 비슷하다. 예를 들어, 현대 퍼포먼스의 할머니라 부르는 마리나 아브라모비치(Marina Abramović, 1946~)가 자기 작품 전시장에서 하루 8시간 동안 한 사람 한 사람과 눈을 맞추는 퍼포먼스를 펼치는 것 같다. 다도에서는 차를 내고 받는 행위 자체가 개개 인간 존재의 깊이를 경험하는 기회다.

MZ세대들이 '이모카세'를 즐겨 찾는 것은 손님을 위해 최적의 코스를 준비하는 셰프와 교감하는 과정이 즐거워서 그런다. 다례에서도 주인은 손님의 감정과 계절, 날씨에 맞춰 차를 고르고, 물 온도와 찻잔을 조율한다. 이 과정은 그저 단순 서비스가 아닌 예술적 큐레이션이다.

다례 속에는 뜻밖에도 의례적 치유 행동이 담겨 있다. 차를 준비하는 과정은 '정리'와 '집중'을 요구한다. 탁자 위의 먼지를 닦고, 찻잔을 데우며, 뜨거운 물과 차를 섬세히 다루는 모든 과정은 '마음 챙김'을 동반한다. 최근 MZ세대 사이에서 관심을 끄는 '마인드풀니스 명상'과 다례는 본질적으로 닿아있다.

특히 다례에서는 '호흡'과 '손의 감각'을 중요시한다. 찻잎의 향을 맡고, 찻물을 붓는 소리를 듣고, 찻잔을 손에 쥐는 순간마다 우리는 몸과 마음이 하나 되는 경험을 한다. 이는 심리학에서 말하는 '감각 기반 회복(Sensory-based Healing)'과 비슷하다.

현대 심리치료 중 하나인 '소마틱 테라피(Somatic Therapy)'는 신체 감각에 주목해 마음의 상처를 치유한다. 다례 역시 '몸을 통한 마음 치유'라고 하는 오래된 지혜를 품고 있다. 예를 들어, 우울하거나 불안할 때, 조용한 방에서 다관을 뎁히고, 차를 따르는 행위만으로도 심박수가 낮아지고 뇌파가 안정된다는 이들이 많다.

다도와 다례를 현대문화의 눈으로 재해석하는 것은 이미 물결을 타고 있다. 그것은 MZ세대가 '느낌'과 '경험'을 중시하는 데서 시작한다. 단순히 과거의 전통을 답습하는 것이 아니라, '나만의 의미를 재구성'하는 데 열정적이다. 실제로 서울 성수동에서는 다도를 기반으로 한 '차 아틀리에'가 유행하고 있다. 이곳에서는 독특한 인테리어와 분위기, 음악을 틀고, 자신의 감정에 맞는 차를 고르며 영감을 나누고, 차를 매개로 심리 상담까지 한다.

디지털 다례라는 새로운 형태도 등장했다. 예를 들어, 메타버스 공간에서 다도 퍼포먼스를 하거나, 유튜브로 다도 체험을 생중계하며 차를 매개로 정서적 연결을 시도하는 것이다. 이는 과거의 다례가 가진 '공동체적 치유'를 디지털 시대에 맞춰 재해석하는 재미인 것이다.

스타벅스 리저브 매장에서 커피 블루밍을 보는 것도 일종의 현대적 다례로 볼 수 있지 않을까. 정성스럽게 물을 끓이고, 커피를 내리는 모습은 '다도'의 현대적 버전이다. 이처럼 차의 의례성과

차, 감성의 다리를 즐긴 석학들

차는 사유로 통하는 창문이자 감성의 다리였다. 역사 속 많은 석학들이 차를 벗 삼아 사유를 펼치고, 삶을 반추하며, 인간과 세계에 대해 보다 깊은 통찰을 나누었다. 분석철학자 루트비히 비트겐슈타인(Ludwig Wittgenstein, 1889~1951)은 빈에서 유학과 사색의 시간을 보낼 때, 차를 마시며 엄격한 자기 규율 속에서 사유를 이어갔다. 말년에는 '영혼의 청결'을 위해 하루 한 끼와 차로 생활했다. "차는 생각을 쉬게 하고, 말 대신 침묵을 데려온다. 침묵 속에 언어는 다시 태어난다." "나는 차를 마시며, 철학을 내 안에서 삭힌다. 끓는 물처럼 언어는 속에서 울리고, 식은 뒤에야 진실이 드러난다."(비트겐슈타인의 생전 일기)

계몽주의 철학자 루소(Jean-Jacques Rousseau, 1712~1778)는 미묘한 차향과 고요함을 예찬하며, 산책과 차를 통해 자연과 인간을 하나로 보았다. "차는 나의 고독을 더욱 정결하게 만든다. 그것은 자연의 향기이며, 인간의 욕망과 거리를 둔다." "내가 세상을 가장 사랑하는 순간은, 물이 끓고 찻잎이 피는 그 침묵의 시간이다."

오카쿠라 텐신(岡倉天心, 1863~1913)은 <차의 책>에서 차를 '동양 정신문화의 정수'로 해석하고, 차를 중심으로 예술, 건축, 인간관계를 통찰했다. "찻자리는 거울이다. 너와 나의 마음이 있는 그대로 비춰진다." "차는 부드럽게, 그러나 완고하게 인간을 교화한다. 그것은 무언의 스승이다."

심리분석가 칼 융(Carl Gustav Jung, 1875~1961)도 중국식 차 문화에 심취. 환자와의 상담 전후에 차를 즐겨 마셨다고 한다. "차는 감정의 소용돌이를 가라앉히고, 상징이 떠오를 수 있는 수면을 마련해준다."

예술성은 새로운 문화 속에서도 끊임없이 변주되며 살아 숨 쉬고 있다.

이렇듯 다도와 다례는 단순한 문화유산이나 문화재가 아니다. 그것은 몸과 마음을 치유하는 예술이며, 지금 이 순간에 몰입하는 현장 경험이다. MZ세대가 다도를 다시 발견하는 것은, 옛것을 답습하기 위해서가 아니다. 속도와 효율에 지친 자신을 치유하고, 존재의 깊이를 회복하기 위해서다. 차 한 잔을 끓여 잔에 채우고, 그 찻잔 가장자리 위에 뜨는 증기인 진운(陣雲)을 바라보는 일. 어쩌면 이야말로 '물멍'과 '불멍'을 뛰어넘는 '차멍'이고 가장 현대적이고 예술적인 치유가 아닐까.

차와 문학, 서화, 영화 : 감성의 이완과 정서적 해방

기술은 삶을 빠르게 만들었지만, 인간의 내면은 여전히 느리고 깊은 감정을 필요로 한다. 우리는 정신적 압박과 과잉 감정소모 속에 살고 있다. '효율'을 추구하는 동시에, '감성'과 '자유'를 갈망하는 MZ세대에게는 더 절실하다. 이 때에 차는 감성 이완과 정서적 해방의 매개체가 될 수 있다. 예술활동 가운데서도 문학과 회화는 오랜 시간 동안 차를 통해 인간 감정의 다양한 층위를 표현하고 해방시켜 왔다. 예술창작자, 문화기획자, 전문평론가들은 문학과 회화 속에서 차의 감성적 확장을 이끌어 내 표현해 왔다.

불을 지피고 찻물을 끓인 사람은 누구든 시인이었다. 문학은 차를 가지고 은유적 상상과 정서적 이완을 잘 보여주고 있다. 고전문학 속에 담겨있던 차의 감성을 맛보기는 어렵지 않다. 차는 동아시아 고전문학에서 정서의 매개체로 빈번히 등장한다. 차를 마시며 슬픔을 잊고 싶은 생각에서, 문인들은 차 한잔에 흘러가는 세월을 담아 마시곤 했다.

그렇다고 차가 하릴없는 단순 풍류는 아니다. 시간, 기억, 인생의 덧없음을 상징하는 중요한 은유로 기능한다. 문학작품에서는 자연사랑, 고요함, 교유, 청빈을 상징하면서 차를 표현하고 있다. 차를 준비하는 장면은 인생의 덧없음과 삶의 아름다움을 동시에 떠올리게 한다. 차를 끓이는 작은 움직임 하나하나가, 거대한 자연과 인간 감성의 흐름을 담아내는 것이다.

어느 비 오는 날, 선비들이 옹기종기 모여 다관을 둘러싸고 물 끓는 소리를 들으며 나누는 시 한 수에 무슨 세속의 욕망이 낄 자리가 있겠는가.

오늘날 이러한 감성은 사라졌는가? 아니다. 오늘날 MZ세대가 인스타그램에 올리는 '레트로 감성', '소확행'과 자연스럽게 연결된다. 작은 순간 속 감정을 응시하고, 기록하는 행위가 차 문학과 다르지 않다.

차를 준비하는 것은 내면을 여행하는 길라잡이다. 한편, 차를 마시는 행위는 물리적 활동을 넘어선다. 하루키의 소설 『1Q84』에서는 주인공 텐고가 일상 속에서 차를 준비하는 장면이 인물의 심리적 전환을 암시한다. 차를 내리는 작은 일련의 과정을 통해 주인공은 마음을 가라앉히고 현실을 직시하는 힘을 얻는다. 차는 '멈춤'과 '몰입'을 동시에 요구한다. 이 과정을 거쳐서 문학은 인간 내면의 깊은 층을 탐험한다.

MZ세대 작가들, 예를 들면 『죽고 싶지만 떡볶이는 먹고 싶어』의 작가 백세희 역시, 일상 속 소소한 즐거움을 이야기한다. 그러면서 조용한 차 한 잔이 주는 '잠깐의 멈춤'을 심리적 회복의 은유로 사용한다.

차는 단순한 기호품이 아니라, 감정을 안전하게 풀어낼 수 있는 '상징적 틀'이 되는 것이다.

차를 준비하고 마시는 과정은 인간의 존재를 서정적 시간 속에 자리매김한다.

문학 속 차의 세계는 빠른 시간(chronos)이 아니라, 느린 시간(kairos)을 '살아내는 훈련'을 보여준다. 예술창작자들은 이 '느린 시간'을 이해할 때, 보다 섬세하고 깊이 있는 창작이 가능하다. 차 한 잔에 담긴 시간의 흐름을 붙잡는 것, 그것은 바로 서정성과 창의성의 교차점이다.

차 한잔은 그림 속에서 감각적 정서를 확장시킨다.

고전 회화 속에서 차의 세계는 어떻게 표현되는가. 동아시아 회화, 특히 문인화에서는 차를 주제로 한 작품이 많고도 많다. 조선시대 화가 심사정(沈師正)의 다회도와 관련 유첩들에서 차와 시와 서화를 하나로 엮는 공간적 정서를 볼 수 있다. 강세황(姜世晃)의 산수인물도, 정선(鄭敾)의 송하보월도, 신윤복의 '주유청강(舟遊淸江)'에는 작은 정자, 다완, 탁자, 담소하는 모습들이 차 한잔의 여유와 공간미학을 보여주고 있다. 강가에서 차를 마시는 풍경을 그려내 일상의 해방과 정서적 자유를 상징한 것이다. 차를 끓이는 장면에서 자연과 인간의 조화를 나타냈다. 여기서 찻자리를 배치하는 풍경들은 인간 존재가 우주의 흐름에 순응하는 은유적 모습으로 표현되었다. 이처럼 차는 그림 속에서 단순한 오브제가 아니라, 감각적 감성의 매개로 나타난다.

그러면, 현대미술에서는 차를 어떻게 그려낼까. 현대에 와서는 차를 매체로 삼은 다양한 실험예술을 선보이고 있다. 예를 들어, 설치미술가나 팝 아티스트들이 찻잔을 매달아 어떤 상징을 시각화하거나, 차 문화를 팝아트적으로 재해석 해낸다. 이는 차 한잔이 '접속과 연결'의 메타포가 됨을 잘 보여주고 있다.

MZ세대 관객들에게 친숙한 이 같은 '경험 중심 전시'에서는, 차나 차 도구를 활용한 멀티센서리 전시가 조명을 받는다. 오감을 자극하는 전시에서 차향과 다관의 소리가 경험의 깊이를 늘려주는 것이다.

사회문화 입장에서 보면 차와 감각의 세계도 특정 계층의 전유물로 인식되던 것을 뛰어넘은지 오래됐다. 차 세계도 이제 민주화되었다고나 할까. 과거에는 차 문화가 특정 계급의 특권적 상징이고 전유물이었다. 화랑 같은 엘리트집단이 차를 즐긴 흔적이 강릉 여기저기 많이 남아있다. 일본 사무라이들은 무자비하게 사람들을 도륙하는 집단이 아니라는 상징으로 예의를 갖춰 차를 마시며 상징조작(simbolic manipulation)에 나섰던 것이다. 무로마치 시대에 다도는 차 한잔을 내리는 태도, 공간, 기물의 선택이 사회적 위계와 권력을 암시했던 것이다. 다도가 권력의 미학이자 절제된 폭력의 언어였다고 본다.

그러나 현대 사회에서는 차가 모든 이의 감성적 권리를 상징한다. 예술은 이제 차를 통해 누구나 '잠깐 멈추고 느낄 수 있는 권리'를 이야기한다. 청년 예술가 리더들은 디지털 환경 속에서도 차를 통한 느린 감성을 복원하려 시도한다. '찻자리 퍼포먼스', '온라인 다례 체험' 등 다양한 방식으로 차의 감성을 현대적으로 확장하고 있다.

차를 등장시키는 영화들은 차를 통해 인간사의 복잡함을 드러내며, 한 잔의 차가 영화적 서사에 깊이를 더하기에 매우 적절하다. 차가 영화에서 차지하는 역할은 상징적 도구로서 인간관계의 유대·갈등, 역사적 사건의 은유적 표현으로 적절하다는 것이다. 앞에서 많이 이야기했던 문화적 정체성으로는 전통 계승, 지역성, 글로벌화의 충돌이 예나 지금이나 여전히 등장한다. 아울러 시각적 미학으로 등장하는 것은 차 준비 과정의 정적인 아름다움, 풍경과의 조화가 영상미와 함께 남겨주는 의미가 크고 많다. 그런 점에서 이러한 차 관련 영상물에서 차는 단순한 소재가 아닌 '삶의 방식이자 철학적 메시지'로 승화시켜 관객에게 깊은 여운을 남긴다.

다도와 회화의 만남

다도에서 다실의 배치는 회화적 구성과 비슷하게 미적 감각을 중시한다. 벽에 걸린 족자나 병풍은 다도의 분위기를 형성하는 요소로, 주로 자연을 주제로 한 산수화나 꽃 그림이 많다. 이런 회화적 요소는 차 마시기를 시각적으로 보완하며, 차의 깊은 맛과 향을 시각적으로 확장한다.

다도의 핵심은 간결함과 조화다. 이는 전통 회화의 정신과도 통한다. 동양화의 여백은 자연과 인간의 조화, 차마시기의 고요함과 연결된다. 조선 시대의 문인들도 다도를 즐기며, 이를 그림으로 남겼다. 다도의 순간을 포착한 회화는 차의 미학을 시각적으로 재현하며, 차를 마시는 행위의 신성함과 고요함을 전달한다.

현대 화가들은 다도 정신을 캔버스에 담으며, 전통과 현대의 경계를 허물고 있다. 다도 행사에서 현대적인 회화 작품을 전시하거나, 다실을 갤러리처럼 꾸며 차와 미술이 함께 어우러진 공간을 창조한다. 이런 융합은 다도와 회화가 지닌 전통적 아름다움을 새로운 방식으로 경험하는 기회다. 또한 우리의 문화적 유산을 현대적으로 재해석하며, 지속 가능한 예술적 경험을 만들어 나가는 중요한 역할을 하고 있다.

최근에 들어, 차와 예술의 교차점에서 예술가들은 차를 소재로 새로운 작업을 펼친다. 덴마크 설치미술가 올라퍼 엘리아슨(Olafur Eliasson, 1967~)은 "감각적 경험이 세계를 이해하는 좋은 방식"이라고 강조했다. 다도 또한 '차를 마시기 위한 미적 공간을 구성하고, 그 순간을 온몸으로 살아내는 것'이라고 보기에 현대 예술과 맥을 같이 한다. 차의 증기, 찻잔의 온기, 움직임 하나하나를 느끼는 경험은 우리가 지금 여기에 이렇게 버티며 존재하는 법을 가르쳐준다. 이는 '디지털 분산주의(Digital Distributism)' 시대를 살아가는 MZ세대에게 중요한 감각훈련의 하나이다. 디지털 시대에 경제 기술적 권력은 대중에 분산시키고, 개개인은 차를 매개로 주체성과 공동체 기반의 연대를 회복시킬 수 있다. 그렇다면, 요즘 같은 감시자본주의를 뛰어넘을 대안으로 훌륭하지 않은가.

차를 비유해서 만들어 놓은 영화 속 명대사. 여기서 차는 영화 속에서 인생의 철학, 사랑, 갈등을 상징하는 도구이다. 그 속에서 탄생한 멋진 대사들이 관객에게 깊은 여운을 남긴다. 영화에서 등장하는 차는 때로는 뜨겁게, 때로는 차갑게 상황을 이끌어 간다. 그 대사에서 내 보여주는 메시지가 영화의 전부라고 받아들일 때 뜨거운 감정이 함께할 것이다. 침묵의 언어라고 표현할 만큼 차 한 잔으로 감정과 의도를 너무도 잘 전달하고 있지 않는가. 시간과 공간과 인간의 상징으로 쓰이는 차가 따뜻하거나 식어가는 시간은 그대로 인생의 격정과 덧없음을 잘 표현한다. 많은 시인묵객들이 이미 표현해 버려 진부하게 생각될지라도 여전히 멋진 장면과 함께 되살아나 영화를 이끌어 간다. 짧은 대사들은 차를 통해 인간 내면의 깊이와 사회적 관계의 복잡성을 날카롭게 포착하여 주었다.

  차와 다도는 다양한 문화권에서 중요한 문화적 요소로서, 그 역사와 의례는 각 지역의 사회적, 역사적 맥락에 따라 다르다. 그래서 다큐멘터리, 인터랙티브 전시를 활용한 방문객들의 차문화 체험에 활용된다. 나아가 웹시리즈로 차 생산 소비과정을 그리거나, 소설속 잔잔한 일상으로 종종 나온다. 이처럼 차와 다도를 주제로 한 문화 콘텐츠는 각국의 차 문화에 대한 객관적 사실을 바탕으로 다양한 형태로 제작될 수 있으며, 이는 사람들에게 차에 대한 새로운 시각을 제공하고 문화적 이해를 증진시킬 수 있다.

현대적 재해석과 창작의 확장

차를 소재로 한 새로운 문화예술 창작실험은 끝이 없다. 오늘날 예술창작자들은 차를 소재 삼아 다양하게 실험하고 있다. 차를 매개로 한 시각예술, 무대예술, 심지어 게임 콘텐츠까지 등장했다. '차를 통한 몰입 경험'은 메타버스, VR 전시에서도 새로운 창작 방향으로 주목받는다.

문화기획자들이 여기에서 뒤지지 않는다. 차의 감성적 확장에 나선 문화기획자는 차를 '공간'과 '시간'을 새롭게 디자인하는 키워드로 활용할 수 있다. 예를 들어, '차와 시를 마시는 북토크', '차향 속 현대무용 퍼포먼스', '찻자리를 중심으로 한 레지던시 프로그램' 등은 기존의 전시·공연 문법을 넘어서는 새로운 기획이다.

MZ세대는 '체험'을 중시하므로, 단순히 차를 마시는 것이 아니라, "감각적 경험으로서의 차"를 제공한다. 이때 차는 콘텐츠이자 플랫폼이 된다. 평론가의 시각은 또 어떠한가. 그들에게 차는 감성적 해방의 매개인가? 그들 입장에서 볼 때, 차는 여전히 강력한 예술적 은유다. 빠르게 소비되고 잊혀져 가는 현대문화 속에서, 차를 중심으로 한 창작은 '깊이'와 '지속성'을 회복하는 중요한 시도다. 차를 통한 감성적 해방은 단순한 레트로 감상이 아니라, 현대인의 존재론적 치유와도 연결된다. 예술이란 결국 삶을 깊이 응시하는 일이기 때문이다.

문화기획자의 차 꿈

문화기획자라면 차를 소재로 어떤 꿈을 꿀 수 있을까? 차와 첨단기술에 관해 서둘러 예를 들자면, AI 차소믈리에, 가상 차실, AR티테이블 같은 시설을 만들어 볼 것이다. 향기, 빛, 온도, 소리, 입속 감각을 융합한 다원적 차(multi-sensory tea)만들기가 빠질 수 없다. 차를 마실 때 과거의 사진, 음악, 감정을 불러오는 차 기억장치로 시간을 뛰어넘을 것이다. 차와 시각예술의 통합, 제로에너지 다실, 심리치유형 차방, 침묵의 다실, 기후 적응형 차방, 이동식 다실, 가상공간에서 우려내는 체험, 모든 행사에서 차를 제공하며 관객의 정서적 치유를 유도한다.

문화기획자는 차를 소재로 아름답게 무한변신을 엮어 나간다. 차의 물성을 예술로 승화시키거나, 차의 시간성을 서사로 전환하거나, 차의 정신성을 철학으로의 변형시키며 첨단기술에 융합시킨다. 그리고 차의 사회적 확장을 위해서 문화정책으로 무한 변신하면 더 좋은 결실이 나오겠다.

이처럼 우리는 찻잔 속에서, 또 하나의 무한한 세계를 꿈꿀 수 있다. 차는 이제 여러 영역에서 인간 감정의 확장이고, 정서적 치유의 통로며, 예술적 상상력의 무한한 원천으로 확인되고 있다. 문학에서 차는 은유와 내면 여행의 언어로 기능했고, 회화에서는 감각 해방의 시각적 언어가 되었다. 오늘날 창작자, 문화기획자, 평론가들에게 차는 매우 다정한 영감의 원천이다. 여기에서 중요한 것은, 단순한 과거 재현이 아니라, 오늘의 감성과 속도에 맞춰 차를 새롭게 해석하고 확장하는 일이다. MZ세대에게 차는 느림과 깊이, 연결의 가능성을 다시 일깨우는 21세기형 예술적 플랫폼이 될 수 있다.

8장

몰입과 예술치유 프로그램

스마트폰을 하루에 몇 번이나 확인하느냐고 묻는다면, 그걸 어떻게 세고 있냐고 대부분 콧방귀를 뀔 것이다. 우리는 하루 24시간 내내 빠르게 움직이는 정보의 홍수 속에 살고 있다. 집중이 어려운 건 어쩌면 당연한 일이다. 바로 그 때문에, 진짜 '몰입'이 더 절실해진 것이다.

과학자나 예술가가 아니더라도 창조적 몰입(creative flow)은 현대인에게 꼭 필요한 '정신 자본'이다. 특히 MZ세대에게 몰입은 '업무 생산성'이나 '자기계발'만이 아니라, '자존감'과 '정체성 찾기'와도 직결된다.

그리고 몰입이 필요한 이 시대에 몰입을 돕는 비법이라도 어디 있을까 찾게 된다. 차를 매개로 한 예술 치유 프로그램이 여기에 해당될 것이다. 차로서 어떻게 몰입하고, 어떻게 나를 치유할 수 있는가. 차 기반 명상, 차 스케치, 향차 체험에서 찾아 낼 수 있다.

차 명상, 스케치, 향차

　차 명상, 다시 말해 "차 한 잔에 집중하는 법"을 일상생활에서 즐기는 것이다. 그런데 실제로 "명상은 어렵다"는 사람들이 매우 많다. 가만히 앉아 있으면 오히려 생각이 더 많아진다고 말한다.
　그런데, 차 한 잔의 여백 속에서 하루의 번잡함이 가라앉는다. 물은 끓지만, 마음은 가라앉는다. 차는 바로 그렇게 나를 되돌려 놓는다. 그리고 찻잔 속에서 시간이 천천히 흐른다. 그 속도가 나를 살린다. 차를 따르며 느끼는 것은 바로 기다림의 미학이다. 차는 말이 없지만, 가장 속 깊은 대화를 이끈다. 더불어 한 잔의 차가 품은 것은, 봄의 잎새와 여름의 햇살과 가을의 숨결들이다. 우리가 차를 마신다는 건 결국 마음을 마신다는 것이다.
　진정한 차인은 찻잎의 떨림에서 계절을 듣는다. 다관에 스민 세월은 침묵을 닮았고, 차는 그 자체로 수행이며, 겸허한 삶의 연습이다. 차와 명상은 그렇게 이어간다.
　우리가 차를 도구로 삼으면 명상은 훨씬 쉬워진다. 차 명상은 이러한 단계 단계에서 마다 새로움을 느낀다.

- 물이 끓는 소리를 듣는다.
- 찻잎의 향을 맡는다.
- 물이 찻잎을 만나는 순간을 바라본다.
- 잔을 들어 입술에 닿는 감각을 느낀다.

차 몰입과 업무 창의성

녹차는 집중력 강화, 스트레스 감소, 인지 유연성 증진으로 직장인의 창의적인 사고(창발성)를 촉진시키는 효과가 있다. 카페인과 테아닌의 '협응 작용'이 핵심 메커니즘으로, 커피보다 안정적이고 지속적인 인지 성능을 지원한다.

개인 차이가 있겠지만, 아이디어 회의 전에 말차는 뇌 활성화와 집중력 극대화에 도움이 된다. 일반 스트레스 관리는 캐머마일과 녹차를 블렌딩하면 진정과 인지 유연성 유지에 도움이 된다. 오후에 집중력을 높이려면, 냉차(아이스 녹차)로 피로 회복과 상쾌한 기분을 돋굴 수 있다.

시간대별로 보면, 아침 출근 때 말차 1잔으로 두뇌를 각성시키고, 업무 시작 전 명상과 결합하면 좋다. 점심 후 1시즈음에는 우롱차 1잔으로 소화 촉진과 오후 업무 집중력을 이끌어 가는 데 도움된다. 긴급 현안 회의가 열릴 때는 회의 30분 전에 레몬과 녹차를 함께 마시면 스트레스 완화와 창의적 사고 촉진에 효과를 볼 것이다.

연구직 이나 전문직 종사자들에게 창의성 증진을 위한 레시피로 제공하면 도움이 되겠다. 추천할 만한 것은 "브레인 스파크 티"를 녹차, 생강, 꿀과 조합하여 뇌 혈류 증가와 신선한 아이디어 유도에 도움을 주는 방식이다. 또 "마인드 클린징 티"로 녹차와 페퍼민트를 결합시키면 정신적 피로를 말끔히 해소시켜 준다.

특별한 일이 아니더라도 녹차 한잔이 알파파를 활성화시켜 뇌의 인지 유연성을 향상하고, EGCG 항산화 성분이 스트레스로 생긴 뇌 세포 손상을 줄이고, 도파민 분비를 안정화시켜 창의적 사고를 방해하는 불안을 감소시키며, 창발성 향상에 도움된다.

- 차의 온기와 맛을 천천히 음미한다.

이 모든 과정을 오직 '지금 이 순간'에 집중하는 연습을 이어간다. '멍 때리기'와 '몰입'의 중간지점에 있는 이 경험은, 정신을 정화시키고 감정의 소음을 잠재우는 데 강력한 효과를 낸다.

이 어려운 과정, MZ세대에서 예시를 찾는 게 오히려 더 쉽다.

"AI 시대에 명상? 너무 올드해!" 라고 생각할 수 있지만, 요즘은 '디지털 디톡스'를 위한 테크 프리 명상 카페도 핫하다. 실제로 서울 성수동에는 차를 마시면서 명상하는 '찻집 명상' 워크숍이 열리고 있다.

"핸드폰 없이 1시간 동안 차 한 잔에만 몰입하는 경험"은 인스타그램 인증샷 이상의 깊은 만족감을 준다.

혹시 차 스케치라는 말이 낯설게 느껴질지 모르지만, 그림을 그리는 순간에 나는 존재한다고 여긴 경험이 많을 것이다. 그림을 잘 그릴 필요는 없다. 오히려 '잘 그려야 한다'는 생각을 버리는 것이 치유의 시작이다. 차 스케치 프로그램에서는 차 도구(찻잔, 주전자, 찻상, 차꽃 등)를 소재로 자유롭게 드로잉한다. 연필, 수채화, 디지털 태블릿(아이패드) 등 어떤 매체도 좋다.

중요한 건 결과물이 아니라 관찰하고 느끼는 과정이다. 차를 바라보고, 그림을 그리는 동안 우리는 그리는 데에 완전히 몰입하게 된다. 내 손끝에 집중하고, 선이 흐르는 느낌에 집중하고, 색의 울림에 귀 기울이면서, '생각 없는 생각' 상태에 머무를 수 있다. 역시 똑똑한 MZ세대들에게 들어보면, 디지털 세대인 MG들은 수많은 구독자와 함께 '프로크리에이트'라는 그림 앱으로 찻잔 그리기를 한다.

"차 한 잔과 함께 아이패드로 느린 드로잉". 이건 단순한 취미가 아니라, 스트레스를 낮추고 창의성을 회복시키는 강력한 몰입 경험이다. 여기서 중요한 포인트는 꼭 챙기자. 차 스케치 수업에서는 "못 그려도 괜찮다"는 분위기를 반드시 만들어야 한다. 그리고 평가나 비교가 아니라, "나만의 차 순간"을 자유롭게 표현하는 것이 핵심이다.

향차 체험도 마시기에 익숙했던 것과는 또 다른 체험이다. 이는 향으로 마음의 공간을 청소하는 것이다. 향은 눈에 보이지 않지만, 가장 깊이 뇌에 각인되는 감각이다. 특히 후각은 감정과 기억을 담당하는 '편도체(Amygdala)'와 직접 연결되어 있어, 향을 통한 치유는 즉각적이고 강력하다.

향차 체험 프로그램은 차향(찻잎의 자연스러운 향기)과 향료를 결합하여, 자신만의 '마음 차(心茶)'를 만드는 작업이다.

- 다양한 찻잎 향(녹차, 우롱차, 홍차 등)을 시험한다.
- 각자의 감정과 연결되는 향을 선택한다.
- 기본 향료(백단향, 유향, 라벤더 등) 중 원하는 것을 섞는다.
- '나만의 향차'를 완성하고, 이름을 짓는다.
- 향차를 마시며 내면의 상태를 점검한다.

젊은 세대들은 '나만의 브랜딩'을 중시한다. 그러니 향차 체험은 "내 기분에 맞는 나만의 티 블렌딩"이라는 퍼스널 브랜딩 경험에 딱 좋다. 요즘 뜨는 '퍼스널 티 소믈리에' 클래스처럼, 향과 차를 엮어 자신을 표현하는 것이 가능한 것이다.

이 처럼 창조적 몰입의 심리적 효과는 대단하다. 차를 매개로 한 몰입 프로그램은 단순한 취미를 넘어, 심리적 복원의 힘을 키워준다. 몰입 상태를 자주 경험하는 사람은 스트레스 대처 능력이 높고, 자기 효능감도 높아 창의성과 문제 해결력 향상에 도움이 된다. 차 기반 몰입은 특별히 이런 특징을 갖는다. 느림의 미학을 경험하는데 덧붙여 감각에 집중하고 비경쟁적인 몰입을 통해 자존감을 회복한다. 차를 통해 얻는 몰입은 디지털 세상에 지친 MG 세대에게 '진짜 나'를 찾는 중요한 연습이 된다.

한 잔의 차가 가져다주는 기적은 그저 신기함을 넘어서 자기만의 내밀한 치유로 자리 잡고 있다. 흔히 "시간이 없어요." "바빠서 명상할 틈이 없어"라고 말하고 외면해 버리고 만다. 그렇지만 스치듯이 차 한 잔을 마시는 동안만이라도 손에서 폰을 내려놓고, SNS 알림을 끄고, 오직 내 안에 집중할 수 있다면, 그것이 진정한 치유의 시작이다.

여기에서 말한 차 기반 명상, 차 스케치, 향차 체험은 그리 어렵지 않다. 특별한 기술이나 긴 시간이 필요하지도 않다. 단 하나, 나에게 온전히 몰입할 수 있는 마음자리만 마련되면 좋다. 그리고 그것은 용기 있는, "차 한 잔"에서 시작된다.

정화, 셀프 케어, 예술치유

흔히 마음을 돌보는 활동을 도를 닦는 것으로 생각한다. 물론

이것은 '마음 농사'를 짓는 가장 오래된 방법이다. 오래된 붉은 잎은 말이 없고, 갓 덖어낸 푸른 잎은 미래 시간을 오래 물고 있다. 마시는 행위가 치유의 루틴으로 자리를 잡고, 물 따라 붓는 마음을 오늘도 비워낸다면 셀프 케어로 들어가는 길목에 있는 셈이다. 하루 한잔 씩 나를 우려내는 연습 중이니까. 매일 같은 시간, 다른 내가 앉아 있음을 저절로 느낀다. 내 앞의 차는 어느새 어제를 잊고 오늘을 데운다.

차를 즐기는 사람들은 앞에 놓인 단순한 찻잔에서 복잡한 인생길을 찾아내기도 한다. 예나 지금이나 세상은 점점 복잡해지고, 감정은 그 속에 얽히고 설킨다. 그 복잡한 감정들을 정화하고, 스스로를 다시 일으키는 방법으로 우리는 수천 년 동안 '차'를 사용해왔다.

특히 예술적 차 경험은 단순한 음용을 넘어, 감정의 정화와 자기 돌봄의 강력한 수단이 된다. 예술적 맥락과 치유적 실천 방법을 생각하면서 펼쳐보자.

차와 감정의 사이를 파고드는 인간 심리와 차 문화의 만남은 다소 유난스런 수식이라고 여길 수도 있겠다. 그러나 인류 문화에서 차는 언제나 정신적, 정서적 순화의 매개였다. "번뇌를 씻고 마음을 맑게 하는 이 물 덕분에 불교 선종에서 차를 통한 참선(參禪) 수련"이 확산됐다. 차를 다루는 태도 자체가 마음을 다루는 태도라고 여긴다.

차를 통한 의식적 행위가 스트레스 호르몬(코르티솔) 수치를 낮춘다고 앞에서 이야기했었다. 특별히 자율신경계(특히 부교감신경)를 안정시키며, 정서적 이완을 촉진하는 것으로 나타났다. 이렇게 보면 차는 문화적, 생리적, 심리적 차원에서 모두 감정 정화의 도구로 기능하는 셈이다.

여기서 녹차의 정화력을 특별히 강조하지 않을 수 없다. 녹차는 내면을 맑게 하는 녹색의 힘이 넘친다. 녹차는 '맑음'과 '순수'를 상징한다. 가장 가공이 적은 차로, 잎의 생명성을 거의 그대로 간직한 형태라는 것이다.

녹차를 예술적 치유로 사용할 때 가장 중요한 것은 "마시는 과정"을 '의식화'하는 것이다. 녹차를 기반으로 하는 감정 정화 의식은 예를 들면 찻잎을 관찰하고 차를 뜯어보며 자연의 색과 결을 느끼는 방식이다. 향기를 감상하는 방법으로는 갓 우린 녹차의 풀 내음을 깊이 들이마신다. 그리고 미각 명상을 위해 첫 한 모금에서 쌉싸름함, 단맛, 신맛을 구별해보려 시도한다. 마지막으로 감정 연결을 하는 방법은 현재 떠오르는 감정과 차 맛을 연결시켜 기록하면서 이룬다. 차 기반 명상을 가르치는 선생님들은 이런 명상일지를 쓰게 하면서 좀 더 특별한 기억으로 승화시켜준다. 이런 '감각적 몰입'은 자연스럽게 과도한 감정 에너지를 배출하는 경로를 열어준다.

많은 사람들이 부드럽게 즐기는 보이차는 깊고 무거운 감정까지 안아주는 힘인 안착력이 뛰어나다. 잘 알다시피 보이차는 숙성 발효차로, 짙은 색과 깊은 향을 지닌 차다. 특유의 무게감 있는 맛과 흙 내음은 감정의 바닥까지 내려가게 하고, 그것을 받아들이는 힘을 준다. 과학적으로 살펴보면, 보이차에는 갈산(gallic acid)과 폴리페놀(polyphehols)이 풍부해서 항불안 작용이나 중추신경에 안정제 작용을 한다. 심리적으로 "땅에 발붙이기" 효과를 지원한다는 것이다.

특히 슬픔, 상실, 무기력 같은 '무거운 감정'을 다룰 때, 보이차 기반 예술 치유는 강력한 지지 체계를 제공한다. 보이차를 기반으로 자기 돌봄을 펼치려면 다음과 같은 순서가 적절할 것이다.

- 찻잎을 깨우기 위해 보이차 덩어리를 손으로 천천히 부수며 체온을 느낀다.
- 차를 우려내기 위해 서서히 물을 부으며 향의 변화를 감지한다.
- 차를 마시면서 목구멍을 타고 흐르는 따뜻한 액체를 따라 내면을 관찰한다.
- 감정 수용에 빠져들면서 떠오르는 감정에 저항하지 않고, 기록하거나 조용히 읊조린다.

이 과정은 "감정을 없애는 것"이 아니라 "감정을 이해하고 품는 것"을 목표로 한다. 이러한 과정을 거치면서 우리는 예술적인 차 생활의 심리적 효과를 느끼게 된다. 예술과 차, 두 치유 매체의 융합으로 예술은 표현을 통해 무의식을 정화한다. 또한 차는 감각을 통해 내면을 안정시킨다. 이 둘을 결합하면, 단순히 차를 마시는 것이 아니라 '나를 표현하고 받아들이는' 깊은 심리치유 과정이 시작된 셈이다.

다시 한번 이 효과를 정리해 보면서 차 기반의 예술치유 요소에 따라 심리적 효과를 각기 다르게 느낄 수 있다.

찻잎을 스케치하면서는 우리 감정을 관찰하고 표현한다. 향차 블렌딩 과정에서는 자기 정체성을 강화한다. 차 우림(물 붓기)과정에서는 소리를 감상하고 심신을 이완시켜 긴장을 완화한다. 나만의 차 이름 짓기를 하면서 우리는 자기 차에 대한 자존감을 갖게 된다. 그리고 차 의식 일기 쓰기로 느낀 감정을 총체적으로 인식하고 가치를 부여한다.

이처럼 다양하고 독특한 차 세계를 MZ세대에 적용할 때 현대적 차 예술 치유 효과는 더욱 풍성하게 부풀어 날 것이다. 진정 MZ세대는 감정 소통에 민감하고, 퍼스널 브랜딩을 중요시하며, 정신 건강에 대한 관심이 높다. 따라서 차를 통한 예술 치유는 다음과 같이 현대적 프로그램으로 재구성할 수 있다.

- 나만의 차 스케치북을 만들어 찻잔과 감정을 연결한 드로잉을 기록한다.
- 개인적인 향차 조향 워크숍으로 하면서 기분에 맞춘 차 향 블렌딩과 감정 레터를 작성한다.

- 좀 더 나아가 '차와 나' 포토 다이어리 프로젝트를 펼쳐 나와 차가 함께한 순간을 사진과 글로 기록해 나만의 콘텐츠로 간직한다.
- 차 명상 라이브 세션을 열어 온라인에서 함께 물소리와 향을 느끼며 명상하는 시간을 갖는다.

이때는 "결과물"보다 "과정"에 의미를 두는 접근이 중요하다. 스스로를 평가하지 않고, 관찰하고, 허용하는 것. 그것이 진정한 감정 정화와 자기 돌봄의 시작이다.

한 잔의 차를 하나의 마음에 엮어내면 슬픔도 차처럼, 사랑처럼 부드러워지는 것을 느끼게 된다. 차는 우리 감정에 모나있던 부분을 깎아내지 않고, 다듬어 낸다. 슬픔도, 분노도, 외로움도 모두 우리의 일부임을 그윽하게 가르쳐 준다. 녹차는 마음을 맑게 하고, 보이차는 마음을 깊게 한다. 그리고 이 차를 예술로 풀어내는 순간, 우리는 스스로를 치유하는 창조자가 된다. 감정을 억제하는 것이 아니라, 예술로 승화하는 것이다. 차 한 잔은 그 길로 우리를 부드럽게 이끌어준다.

차 융합의 무대예술

차는 전통의식에서 현대 예술에 이르기까지 무대 위에서 다양하게 재해석된다. 뿐만 아니라, 문화적 상징성과 예술적 감각을 결합한 독특한 융합공연으로 등장한다. 예를 들면, 전통 다례와 국악(가야금, 해금)이 결합된 실험 공연에서 차 우려내는 소리, 물 끓이는 리듬을 음악적 요소로 활용한다. 또한, 전통 다도를 현대 무용과 미디어 아트로 재해석한 공연도 감각을 덧붙여 때때로 선보인다.

현대 무용이나 연극 속에서 차의 기원과 거래를 보여주면서 인간의 원초적 욕망을 탐구한다. 관객이 직접 차를 마시며 무대 위 배우와 대화하는 참여형 공연으로도 전개한다. 차를 활용한 융합 작품에서 정적이고 의식적인 전통이라는 차의 고정관념을 벗겨낸다. 특히, 현대 무용의 유동적 움직임과 결합해서 신체·물질·문화의 상호 융합을 탐구하는 도구로 재탄생한다.

Story 4

지나온 시간, 마주 앉은 공간, 이어진 사람

첫 잔은 삶의 온기,
두 잔은 함께 나눈 시간의 무늬,
세 잔은 오래된 숨,
그리고 네 번째 잔은 다가온 숨결

9장
삶의 질, 인생의 질

　찻잔을 들고 가만히 향을 맡는 순간, 우리는 시간의 흐름을 거슬러 올라간다. 그리고는 향기로운 기억의 문을 연다. 입 안 가득히 퍼지는 은은한 향과 따스한 온기는 단순한 미각적 경험을 넘어, 감정의 깊은 심연을 건드린다. 차 한 잔의 향은 개인의 기억을 불러일으키고, 취향은 우리 존재의 고유한 무늬를 드러낸다.

　차를 매개로 개인의 감정이 반영되고, 또 취향의 차이로 공동체적 연대와 삶의 회복으로 이어질 수 있는지가 사실 궁금하다. 그런데 찻잎의 향기를 따라가노라면, 내가 잊은 날들이 나온다. 우리는 모두 이렇게 이어지는 자기만의 맛으로 살아가는 것 같다. 그러니 매일 내리는 차는 매일 새로 짜는 마음인 셈이다. 우리 삶에서 차를 끓이는 사람은 이미 '인생의 질'을 회복하는 중이다.

　이러한 차 취향은 감정과 정체성의 맥락에서 형성된다. 사실 사람마다 선호하는 차향은 다르다. 어떤 이는 짙은 훈연 향의 보이

차를 즐기고, 또 다른 이는 새벽 이슬을 닮은 녹차의 청량함을 찾는다. 이 취향은 단순한 '맛의 선택'만은 아닐 것이다.

취향은 개인이 살아온 삶의 경로, 기억의 조각, 감정적 필요에 바탕을 두고 형성된다. 피에르 부르디외가 말한 취향도 이와 마찬가지 일 것이고 결국은 각자의 사회적 위치와 계급을 반영한다고 할 수 있겠다. 그러나 차 취향은 더 깊은 차원에서, 감정의 서사를 품는다.

어린 시절 할머니 손을 잡고 시장 골목에서 맡았던 생강차 향, 고된 하루 끝에 스스로를 다독이기 위해 마시던 은은한 재스민차의 온기. 이 모든 것은 기억과 감정의 층위가 차곡차곡 쌓인 결과다.

우리가 차를 선택하는 것은 단순한 소비가 아니라, '나'라는 존재를 다시 확인하고 다듬어가는 치유이기에 '인생의 질'이 달라지게 된다면 과장일까.

차향과 취향 : 감정의 존중

찻잔의 향기를 따라가다 보면, 언젠가 나를 만난다. 그 향은 기억보다 빠르게 돌아온다. 그 작은 한 모금 속에, 오감이 다 녹아든다. 그 잎 하나에도 감각은 숨을 쉬며 내 감정을 존중해 준다.

향기만으로 본다면 차는 감각적 회복의 통로이다. 왜냐면 향기만큼 원초적인 감각이 없기 때문이다. 인간의 후각은 대뇌 변연계

차로 아이들 맛돌기도 키우나?

어릴 때는 차가 싫었지만, 어른이 되고 나니 그 쓴맛이 나를 닮아 있음을 깨닫게 되었다. 어린 시절의 차는 경험이다. 첫 잔의 기억은 흐리지만, 그 향기는 평생 따라다닌다.

아이들이 맛을 느끼는 감각기관을 맛돌기(미뢰 味蕾)라 한다. 아이들은 태어나 다양한 맛을 경험하면서 미뢰가 발달한다. 원초적으로 단맛에 민감하고 쓴맛에는 거부 반응을 보이기 시작한다. 자극적이지 않고 천연의 다양한 맛을 제공하는 차는 미뢰 발달을 자연스럽게 유도하는 도구가 되지 않을까. 차는 향과 맛이 섬세하고, 감각적 학습(맛 구별 능력)을 증진시킬 수 있다. 특정 허브차는 면역력에도 도움이 된다.

특히 약효가 있는 차 종류는 아이들에게 유익하겠다. 캐머마일차는 속을 진정시키고, 배앓이를 완화한다. 루이보스차에 카페인은 없고 항산화 성분이 풍부하니 도움될 것이다. 보리차라면 전통적으로 마시던 음료로, 구수한 맛덕분에 친숙해서 좋다. 히비스커스나 로즈힙 같은 과일차에는 비타민이 풍부, 향과 색이 감각을 자극하니 좋지 않겠는가.

어린 시절에 다양한 맛을 경험하는 것은 향후 식습관 형성에 중요하다. 따라서 차를 포함한 다양한 식품을 통해 여러 맛을 경험하게 하는 것이 미뢰 발달에 도움이 될 수 있다. 아직 이를 증명하고 적극 권장하는 연구는 없지만 차 종류와 성분을 고려하여 적절하게 제공하는 것이 중요하다.

(大腦 邊緣系, limbic system)와 직접 연결되어 있다. 변연계는 뇌에서 감정과 기억을 맡고 있다. 그렇기에 어떤 향기는 말보다 빠르게 우리를 울리고, 웃게 한다. 그 가운데서 차향은 특히나 섬세하다.

은은하고 겹겹이 쌓인 향의 결은 한 인간의 감정적 민감성과 공명한다. 이 과정에서 향기는 단순한 '냄새'를 넘어, 개인이 잃어버렸던 시간, 상처받았던 감정, 회복을 갈망하는 내면을 부드럽게 어루만진다. 향은 치유다. 따라서 나만의 차향을 찾는 것은 곧, 나를 이해하고 치유하는 시작이다. 내 감정의 작은 떨림까지 받아들일 준비를 하는 것이다.

좀 더 생각을 펼쳐보면, 차를 통한 공동체적 연대에서 우리는 취향의 다양성과 포용을 말할 수 있겠다. 흔히 우리는 취향을 지극히 개인적인 것이라고 생각한다. 그러나 차를 매개로 한 취향의 차이는 오히려 공동체적 연대를 가능하게 한다.

모임을 할 때 각자 좋아하는 차를 한 잔씩 가져오도록 해보자. 보이차를 좋아하는 이, 홍차를 선호하는 이, 허브차를 찾는 이들. 모든 이들의 취향은 다르지만, 그 차이를 인정하고 나누는 순간, 우리는 하나의 공동체를 이룬다. 그렇게 해서 차 모임은 특히 '공존의 심성예술'을 보여준다. 서로 다른 향과 맛을 품은 찻잔들이 테이블 위에 늘어설 때, 우리는 비로소 다양성의 아름다움을 깨닫는다.

이것은 현대 사회가 추구하는 문화다양성과 포용성의 축소판이라 할 수 있다. 다시 말하면, 나만의 차 취향을 존중받을 때, 타인의 취향 또한 자연스럽게 존중하게 된다. 차를 매개로 한 소통은 경직된 이념이나 신념을 넘어, 인간의 가장 기본적인 감정적 소통을 가능하게 한다.

그렇다면, 현대사회에서 차 취향을 디딤돌로 해서 치유적 공동체 모델을 만들어 갈 수도 있겠다. 빠르게 조각조각 나뉘어지고 있는 현대사회는 어찌 보면 고립되어 가고 있는지도 모른다. SNS와 디지털 네트워크가 겉으로는 연결을 확대하지만, 실제로는 감정적 고립을 심화시키는 경우가 많다.

이런 시대에 차를 통한 취향 공유는 감각적 공동체를 회복하는 중요한 방법이 될 수 있다. 좋아하는 향을 이야기하며 자연스럽게 자신의 감정을 표현하고, "어떤 차를 마시는지"를 나누면서 서로의 삶에 스며드는 것이다. 이러한 작은 모임들은 이념을 떨쳐버리고, 온화한 화평의 방식으로 공동체를 재구성할 가능성을 보여준다.

또한, 차 모임은 "느림의 문화"를 지향한다. 차를 우리고 기다리고 마시는 과정은 빠름을 강요하는 현대의 속도에 매몰되지 않는 행위다. 이 속도 조절을 통해 우리는 자아를 재정비하고, 타인과의 관계를 섬세하게 가꾸어 갈 수 있다.

지금 많은 이들이 차향처럼, 부드럽게 삶을 회복하는 길에 갈증을 느끼고 있다. 나만의 차향을 찾는 여정은, 곧 나를 다시 사랑하는 과정이다. 그리고 이 과정을 타인과 나누는 순간, 우리는 서로를 치유할 수 있는 가능성을 얻는다.

차를 통한 연대는 거창한 정치적 구호나 경제적 이익을 추구하지 않는다. 다만, 인간 존재의 가장 본질적인 차원이랄 수 있는 감정, 기억, 향기, 온기를 매개로, 삶을 부드럽게 이어 붙여 '삶의 질'을 높여준다.

오늘, 당신이 어떤 차를 마시는지 묻는 것은 결국 당신은 지금 어떤 마음인가요라고 조심스럽게 물어보는 것이다. 차향을 따라 이렇게 우리는 다시, 서로에게 다가갈 수 있다.

정서조율과 테라피

우리네 삶은 늘 흔들린다. 그래서 잔잔한 차향 속에서 나를 들을 수 있다면 대단한 테라피로 이어갈 수 있다. 일상의 무수한 파동 속에서 감정의 균형을 잃고 때로는 길을 잃을 때, 우리는 뭔가로 도움을 받아 조율하고 싶다.

이렇게 생겨난 삶의 결들 속에서, 조용히 차 한 잔을 마시는 순간은 단순한 휴식이 아니다. 그것은 우리 내면의 리듬을 다시 맞추는 정서 조율의 시작이자, 스스로를 보듬는 일상 속 셀프 테라피이다.

차는 마시는 것이라기보다 '마주하는' 것이다. 차향을 깊게 들이마시고, 뜨거운 온기를 입 안에 머금으며 우리는 무심코 묻었던 감정들과 대면한다. 그리고 그 과정을 통해 우리는 아주 조용히, 그러나 단단하게 스스로를 다독일 수 있다.

인간은 감정의 동물이기 때문이다. 기쁨, 슬픔, 분노, 불안, 고요 같은 다양한 감정들이 하루에도 수십 번씩 몰려왔다가 사라진다. 문제는 감정 자체가 아니라, 그 감정을 어떻게 '조율'하느냐에 있다. 이런 감정의 파도 위에 균형을 잡는 기술이 바로 정서조율이 아니겠는가. 정서 조율은 감정을 억누르는 것이 아니다. 오히려 감정이 만들어내는 흐름을 이해하고, 필요에 따라 그 강도를 조절하거나 방향을 바꿀 수 있는 능력이다.

차는 이처럼 말없이 정서를 조율하는 매개가 된다. 왜냐하면 차를 우려내는 행위 자체가 '느림'과 '주의 깊음'을 요구하기 때문이다. 다시 한번 돌이켜 보자. 물이 끓기를 기다리고, 찻잎이 피어나는 순간을 지켜보고, 향과 온도를 느끼며, 천천히 마시는 일련의 과정을. 이로서 우리의 급박한 내적 리듬을 서서히 가라앉힌다. 차를 마시는 시간은 감정을 억누르거나 무시하는 것이 아니라, 있는 그대로 바라보고 인정하는 시간이다.

"아, 내가 지금 조금 힘들구나." 그리고 "조금 외롭지만, 괜찮아."로 나아간다. 이런 식으로 감정을 조용히 조율하고 수용하는 과정이 이루어진다.

과연 차에는 테라피적 특성이 있는가. 심신의 완급을 조절해주는 뭔가가 있단 말인가. 차는 물질적이면서도 감각적이다. 따라서 심리학적 관점에서도 차는 자연스러운 셀프 테라피 도구가 된다고 본다. 그 배경에서 어떤 일들이 생겨나는가.

- 차는 신체적 반응을 유도한다

녹차나 백차처럼 카페인이 낮은 차는 긴장을 완화시키고, 진한 홍차나 보이차는 부드럽게 각성 효과를 낸다. 허브차는 불

하루 세 번, 차 명상하기

우리는 종종 전문 치료가 필요한 극단적 상태에 도달한 후에야 도움을 청한다. 그런데 정서적 건강을 위해서는 꾸준한 일상적 관리를 꾸준히 해야한다. 우리는 일상 속 셀프 테라피에 익숙해지면, 스스로를 치유하는 작은 습관 하나를 갖게 된다. 차를 통한 셀프 테라피는 별다른 장비나 큰 준비가 필요 없다. 단 몇 분이면 하루 몇 차례정도 쉽고 부드러운 치유를 시작할 수 있다.

- 아침 차 명상
  하루를 시작할 때, 간단한 차 한 잔과 함께 오늘 하루의 감정을 준비해보자. 어떤 감정이 떠오르는지, 어떤 다짐이 필요한지 천천히 떠올린다.
- 스트레스 리셋 티 타임
  하루 중 스트레스를 느낄 때, 잠시 모든 일을 멈추고 차를 우려 마신다. 호흡을 가다듬고, 향을 맡고, 온기를 느끼면서 감정의 쏠림을 정돈한다.
- 저녁 차 마무리 의식
  하루를 마감할 때, 카페인이 적은 허브차나 따뜻한 보이차를 마시며 오늘의 감정을 정리한다. 그리고 감사한 일 세 가지, 나를 칭찬할 일 한 가지를 떠올려 본다.
  하루를 보내는 데도 이 같은 작은 루틴이 쌓이면, 정서적 탄력성과 회복력이 강화된다. 큰 외부 자극에도 쉽게 무너지지 않고, 스스로를 다시 일으켜 세우는 능력을 얻게 된다.

안 완화, 숙면 유도에 도움을 준다. 이는 심리적 상태에 따라 적합한 차를 선택함으로써 몸과 마음의 리듬을 동조시킬 수 있음을 의미한다.

- 차는 감각적 집중을 가능하게 한다.
  차를 우려내는 과정에서는 시각, 촉각, 후각, 미각 등 다양한 감각이 사용된다. 이때 우리는 자연스럽게 현재 순간에 몰입하게 되며, 이는 불안과 걱정의 소음을 잠재운다. 이는 심리학에서 말하는 마인드풀니스 같은 효과를 가져온다.

- 차는 상징적 의미를 가진다.

차는 단순한 음료가 아니라, 자신을 돌보는 '의식'이다. 스스로에게 보내는 작은 신호다. "나는 지금 나를 돌볼 가치가 있어." 이런 메시지는 자존감을 회복시키고, 자기효능감을 높이는 데 기여한다.

이쯤 되면, 차와 심리학에 관련된 과학적 근거들이 있을까 궁금할 것이다. 심리학 연구에서도 '차와 정서적 안정' 사이의 연관성이 있다며 주목하고 있다.

따뜻한 음료를 마시는 것이 타인에 대한 신뢰감을 높이고, 사회적 소속감을 강화한다거나, 캐머마일 차 섭취가 경미한 불안증 감소에 긍정적 효과를 미쳤다는 것이다.

이러한 이야기들은 차를 통한 셀프 테라피가 단순한 기분 전환이 아니라, 과학적으로 뒷받침된 정서 조율의 방법임을 입증하는 셈이다.

결국, 차 한 잔의 힘이 바로 나를 살리는 일상의 예술이다. 우리는 자주 스스로를 돌보지 못한다. 감정이 소용돌이칠 때, 외부의 도움만을 기다리다가 지쳐버리기도 한다. 그러나 차 한 잔을 우려내는 것만으로도, 우리는 충분히 스스로를 치유할 가 있다. 그것

차 문화로 사회적 자본 쌓기

　차 생활문화는 단순한 음료 습관을 넘어서 일상 속 사회적 자본(Social Capital)을 형성하고 확장하는 데 강력하게 작용할 수 있다고 본다. 차를 마시는 행위는 정서적 교류, 관계 형성, 공동체 결속이라는 사회적 의미를 담고 있기 때문이다.
　여기서 두드러지는 것은 결속적 자본(Bonding)인데, 가까운 집단 간 신뢰와 유대는 물론이고 가족·친구 사이에 차를 마시며 정서적 유대가 강화된다. 그 다음으로 연계적 자본(Bridging)은 서로 다른 집단 간 연결을 시켜서 세대 간, 지역 간, 문화 간 차문화 교류가 확대되며 생겨난다. 또한 차를 매개로 한 공공 프로그램, 지역 활성화 정책 연계 효과도 크게 기여한다.
　차 생활문화가 사회적 자본을 형성하는 것은 공동체를 형성하는 마을 다방, 학교 차모임, 직장 티타임으로 소속감과 정체성을 강화하는 방식으로 전개된다. 또한, 신뢰 구축 및 정서 교환에 도움이 되는 고령자, 외국인, 이주민 등 취약한 사회 구성원과의 관계 형성에도 긍정적이다. 세대·문화 간 다리 역할을 하면서 세대 간 교육과 이해를 유도하며, 다른 글로벌 문화와 융합할 가능성도 크다. 다문화가정 어머니와 지역 여성들이 함께 차를 나누며 친밀감 형성한다. 시민 참여를 늘리는 차문화 기반의 공공 프로그램(차예절 교육, 노인복지센터 티클래스 등)은 시민 자발성, 참여성, 공동체 의식을 키우는 데 도움이 된다. 이는 곧 참여적 사회 자본으로 이어지며, 지역사회 내 긍정적 순환을 창출한다. 더구나 차생활문화는 지속적·비위협적·일상적인 활동이기 때문에 사회적 자본이 쉽게 침식되지 않고 유지된다. 디지털 시대에도 차 콘텐츠(라이브 티토크, 차방 인스타 계정, 온라인 다도 모임 등)로 확장이 가능 해 디지털사회적 자본 지속성과 적응력에도 뛰어나다.
　보성의 차문화 프로그램, 영국 티살롱의 다문화 커뮤니티 중심지 역할, 교토의 도시 속 다실 공공공간 운영 등에서 이런 점들이 속속 증명되고 있다. 차 생활문화는 "사람과 사람, 세대 와 세대, 문화와 문화"를 잇는 사회적 자본의 기반이다.
　그런데 차문화는 일부 계층·연령에 편향될 수도 있고, 이런 프로그램은 일회성으로 끝날 우려가 있다. 심지어는 상징성을 남용하거나 브랜딩 중심으로 왜곡될 수도 있으므로, 관계 중심성에 초점을 맞춰 운영해야 할 것이다.

은 거창한 치료법이 아니다.

차향을 맡고, 물소리를 듣고, 온기를 입 안에 머금는 작은 행위. 그 속에서 우리는 감정을 받아들이고, 다시 조율하며, 조금 더 단단해진다.

"차는 물이 아니다. 차는 마음이다."

오늘, 당신의 마음은 어떤 차를 필요로 하는가? 잔잔히 차를 우려내는 시간 속에서, 삶은 다시 숨 쉬기 시작한다.

> 10장

함께 마시는 차, 공동체의 회복력

현대사회는 속도 사회다. 디지털 기술의 발전, 업무의 자동화, 정보의 홍수 속에서 인간은 점점 더 분주해진다. 그러다 보니, 관계는 피상적으로 얕아진다. 이러한 흐름 속에서 공동체는 해체되고, 개인은 고립된다. 하지만 여전히 인간은 관계를 필요로 한다.

차 한잔이 잃어버린 시간을 찾아 나서는 길이 될까. 인간 생활 문화 공동체 회복의 샘터가 될 수 있을까.

혼자서 차를 마시는 때는 내가 나와 펼치는 대화시간이다. 혼자일 때 가장 솔직해지는 건 찻잔과 나뿐이다. 그닥 말하지 않아도, 차는 내 기분을 다 안다. 함께 마시는 차는 어떤가. 같은 물로 다른 마음을 데우는 차담이 이어진다. 잔이 비워질수록, 우리는 더 가까워진다. 일상 속 익숙한 시간 속에도, 낯선 나를 만날 때 놀라지 말자. 하루가 차처럼 우러나길 바라며 다시 시작하면 된다.

여기서 한 가지 정도는 질문으로 제기된다. 느리고 깊은 관계를 어떻게 다시 복원할 것인가를 묻는다. 이 질문에 대한 대답은 오랫동안 전해 내려온 차생활문화 속에서 찾을 수 있다. 차를 함께 마시는 행위는 단순한 식음의 차원을 넘어선다. 그것은 느린 대화를 유도하고, 정서적 교감을 촉진하며, 공동체 회복의 강력한 촉매로 작용하는 생활문화를 엮어가는 것이다.

확실히 차 한 잔이 이끄는 느린 대화는 관계 회복의 첫걸음이다. 차를 마시는 시간은 필연적으로 '느림'의 미학을 누리는 기쁨을 가져다 준다. 찻잎이 우러나기를 기다리고, 따뜻한 김을 바라보며 호흡을 고르는 순간, 인간은 자연스럽게 빠른 일상에서 한 걸음 물러선다. 이 느림은 대화를 위한 틈을 만들어낸다. 상대방의 말을 끊지 않고 귀 기울이게 하고, 즉각적 반응 대신 깊은 사색을 가능하게 한다.

느린 대화는 상호 이해를 위한 토대를 마련한다. 빠른 대화가 주로 정보 전달에 초점을 맞춘다면, 느린 대화는 정서적 함축을 수반한다. 차를 사이에 두고 마주 앉은 두 사람은, 서로의 눈빛과 손짓, 목소리의 떨림을 더 민감하게 느끼게 된다. 이는 길거리 찻집에서 이야기 나누는 것을 넘어서 편안한 안방에 초대받아 대화하는 것과 같다. 말보다 따뜻한 건, 같이 마신 차 한 잔이다. 차를 건네는 손끝에, '마음의 온도'가 담겨 전달되기 때문이다. 서로 다른 온도도, 같은 찻주전자에서 조화로워진다.

또한 차의 의례적 성격은 대화를 존중하는 분위기를 이어간다.

찻잔을 조심스럽게 건네고 받는 행위, 차를 따르는 세심한 손놀림은 상대방에 대한 존중의 표시를 정중히 보여준다. 이러한 세심한 행위들은 공동체 내 신뢰를 서서히 복원하고, 상처받은 관계를 치유하는 데 필수적인 '안전지대'를 조성한다.

공감언어 : 느린 대화, 정서적 교감의 촉매

차와 정서적 교감을 나누는 사이에 자연스레 상호 치유의 장이 마련된다. 흔히 말하듯이, 공동체 회복력에서 가장 핵심적인 요소는 '정서적 교감'이다. 차는 이 정서적 교감을 자연스럽게 촉진하는 매개체다. 따뜻한 음료를 마시는 신체적 경험은 인간의 심리적 방어벽을 낮추며, 신경계의 이완을 유도한다. 따뜻한 음료가 몸안에 스며들면 인간은 타인에게 더 따뜻하고 호의적으로 반응하는 경향이 증가한다.

차를 함께 마시는 행위는 일종의 비언어적 정서 교환이다. 말이 오가지 않더라도, 차를 마시며 공유하는 침묵, 차향을 맡으며 나누는 미소는 강력한 공감언어가 된다. 이는 언어적 소통의 한계를 넘어서 돋음닫기를 하며 정서적 연결로 달려가게 한다.

정서적 교감은 공동체의 회복력을 강화한다. 위기에 처한 공동체는 외부의 위협뿐만 아니라, 내부 구성원 간 신뢰 상실로 인해 쉽게 붕괴된다. 이때 차를 통한 정서적 교감은 내부 결속을 다지고, 공동의 정체성을 다시 확립하는 데 기여한다. 차는 말하자면 상처 난 공동체의 조직을 다시 봉합하는 '심리적 연고약'과 같다.

차 한잔은 이렇게 개인과 공동체를 연결하는 매개자이며 훌륭한 촉매 역할을 해낸다. 촉매라는 것은 어떤 반응을 이끌어 내서 가속화 하지만, 자신은 변하지 않는 성격을 갖는다. 차는 공동체 회복의 촉매로서 이 개념에 완벽하게 맞아 떨어진다. 차는 대화와 교감을 가능하게 하지만, 차 자체는 조용히 그 자리에 머문다. 오히려 이 조용함이 강력한 힘이 된다.

차는 이질적 개인들을 하나로 묶는 매개다. 문화, 세대, 신념이 다른 사람들도 차를 매개로 쉽게 대화를 시작할 수 있다. 특히 갈등 상황에서, 차를 사이에 둔 조심스러운 접근은 상대방을 적대시하기보다 '함께 앉아 있는 존재'로 인식하게 만든다. 이는 갈등의 급격한 악화를 막고, 공동체의 재조정 과정을 부드럽게 만든다.

또한 차는 일상적 회복의 리듬을 제공한다. 정기적으로 함께 차 마시는 습관을 갖는다면, 공동체 구성원 간의 일상적인 연결을 단단히 유지할 것이다. 위기 상황 발생 이전에 이미 신뢰와 친밀감의 저변을 두텁게 만들어 둔 셈이다. 이처럼 차는 위기의 순간에만 등장하는 구급차가 아니라, 평소에 공동체 면역체계를 강화하는 예방약 같은 존재다.

아무리 시간이 경쟁력이라 하더라도 바쁜 속에서 우리는 이제 다시, 차를 마시는 사회로 돌아가야 한다. 오늘날 우리는 고속화된 사회 속에서 점점 더 많은 인간적 상처를 입는다. 공동체는 해체되고, 인본주의는 흩어지고, 개별 인간들은 외로움에 시달린다. 이러한 상황에서 차를 함께 마시는 전통을 되살리는 것은 단순한 취미 활동이 아니라, 깊은 사회 재생적 의미를 지닌 실천이다.

차는 느림의 사다리를 오가며 대화를 열고, 따뜻한 화롯불 사이에서 정서적 교감을 촉진하며, 조용한 촉매로서 공동체를 치유하고 강화한다. 차를 함께 마신다는 것은 결국 인간 관계의 본질을 회복하는 행위다. 그것은 상처 난 공동체에 '회복의 서사'를 다시 새기는 일이며, 잃어버린 신뢰와 연대감을 서서히 복원하는 것이다.

이렇듯 차를 통한 느린 대화, 정서적 교감, 촉매적 연결은 현대 사회에서 공동체 회복력을 키우는 데 필수적인 열쇠이다. 우리는 숨이 턱턱 막히는 바쁜 순간에 차 한잔 앞에 앉아야 한다. 그것이 개인을 치유하고, 관계를 치유하며, 더 넓게는 사회 전체를 치유하는 첫걸음이 될 것이다.

차 중심 돌봄공동체, 티살롱, 치유카페

우리 주변에 돌봄 공동체가 많이 생겨나지만 차를 중심으로 한 사례는 많지 않다. 티살롱과 치유카페가 차와 돌봄, 공동체를 재구성하는 새로운 실험으로 등장한지는 꽤 됐다.

현대 사회는 소외와 단절의 위기를 맞고 있다. 디지털 소통이

큰 칼 찬 장군은 조그만 찻잔을 들고 도대체 무슨 생각을 했을까?

큰 칼을 옆에 찬 장군이 조그마한 찻잔을 마주할 때, 그 모순된 이미지를 생각하면 저절로 웃음이 새어 나온다. 그런데 이는 전쟁과 평화의 대비이다. 권력, 폭력, 전쟁을 상징하는 큰 칼이 철갑군복 위에서 번쩍거린다. 그런데, 장군은 '조그만 찻잔'을 두 손으로 공손히 부여잡고 평화, 내면의 안정, 인간적 교감을 기원하고 있다. 전장에서 피를 흘리던 자신의 손이, 차를 따르는 부드러운 동작으로 바뀔 때 매우 어색했을지도 모른다.

도대체 무슨 생각을 했을까? "이 작은 찻잔이 이 큰 칼보다 더 큰 힘을 가질 수 있을까?"라고 생각했다면 그는 뛰어난 지장이고 덕장임에 틀림 없다. 차 문화(茶道)는 침묵과 정제된 예절을 요구한다. 장군은 찻잔 속에서 "진정한 힘은 무력이 아닌 자제력"이라는 깨달음을 얻었을 것이다. "생명의 덧없음"을 성찰했겠다고 본다.

살벌한 전쟁터에서 장군은 찻잔을 들어 보이며 상징적 제스처로서의 정치적 메시지를 보여줬을 것이다. 적군의 대장이나 백성 앞에서 의도적으로 찻잔을 들어 보여주고 싶은 것이 있었을 것이다. "나는 폭력보다 대화를 선택한다"는 연출 아니었을까. 권력자의 이미지 쇄신용으로 하얀 찻 잔만한 것이 또 있겠는가.

작고 하얀 찻잔은 폭력과 평온의 경계에서 "진정한 힘은 생명을 빼앗는 것이 아니라 살리는 데 있다"는 깨달음을 주는 매개자였을 것이다.

큰 칼 찬 장군의 찻잔은 폭력과 평온의 문화적 변주였다. 치열한 전투를 마치고 돌아와 찻잔을 들었다면, 그것은 "이 칼이 수많은 생명을 앗아갔지만, 이 찻잔은 오랜 시간의 평안을 준다"는 자의식을 만천하에 보여주고도 남았을 것이다.

찻잔의 정치학이든, 연출된 관용과 권력의 연극이든 찻잔은 정복에 굶주린 야수가 아님을 잘 보여줬을 것이다. 그런데 이는 동시에 '위선'일 수도 있다. 차를 마시는 그 순간에도 그의 칼은 여전히 피를 묻히며 전략을 구상하고 있을 테니까.

현대사회의 전쟁터인 대기업의 회장님은 삶의 파괴(칼)와 회복(차)의 이중성에 고심하고 있다. GDP, 군사력, 기술 발전의 실용가치에 집중하지만, 정작 예술, 명상, 인간관계같은 "쓸데없는" 것들이 삶을 지탱한다는 점을 잘 알고 있을 테니까.

철거덕 철거덕 소리를 내며 번쩍거리는 장군의 칼이 폭력을 과시한다면, 찻잔은 침묵적이다. 그러나 역사에서 종종 침묵이 외침보다 더 큰 울림을 준다는 것도 사실로 증명된바 많다. 큰 칼로 새 역사를 쓰겠다고 날뛰느라 목 말랐던 장군, 작은 찻잔 속 한 모금으로 영혼을 채우는 행복감이 크지 않았겠는가?

이순신 장군이 운주당(運籌堂)이라는 식당을 차려 주민들을 초청해 술과 식사를 나누며 인근 바다의 지형지물 정보를 수집해 전쟁에 활용했듯이, 장군의 그 생각은 아직 비어 있는 찻잔처럼, 지금 우리들의 손에도 달려 있다.

활성화될수록 인간들 사이에서 실질적 관계는 약화되고, 돌봄의 사회적 기반은 붕괴하고 있다. 이러한 상황 속에서 차를 중심으로 한 돌봄 공동체의 실험들이 주목받고 있다.

티 살롱, 치유카페(healing café)는 차를 매개로 사람들을 연결하고, 정서적, 신체적 치유를 도모하는 새로운 공동체 모델을 제시한다. 이미 전 세계 다양한 사례에서 차를 중심으로 한 돌봄 공동체가 현대 사회에서 조명받고 있다. 하나씩 만나는 여행길을 떠나보자.

티살롱은 전통적 사교 공간을 현대적으로 재해석한 인프라이다. 소용돌이 사회 환경에도 불구하고 도시 속에 자리한 지도 오래됐다. 유럽 티살롱의 부활로 사회적 고립을 넘어보려는 안간힘이 결실을 거두고 있는 것이다. 전통적으로 티 살롱은 17세기 유럽 상류층의 사교 공간이었다. 하지만 21세기에 들어와 티살롱은 새로운 의미를 갖게 되었다.

영국 런던의 '차와 수다(Tea & Tattle)프로젝트'가 대표적이다. 이 티살롱은 노인 고립 문제를 해결하기 위해 런던시와 복지기관이 협력하여 설립했다. 여기서는 무료로 차를 제공하며, 세대 간 대화를 촉진하는 프로그램이다. 여기에 참가한 이들은 함께 차를 마시며 자연스럽게 삶의 경험을 나눈다. 이 과정에서 사회적 고립감이 완화되고, 심리적 안정성도 향상된다는 것이다.

치유와 공감의 재구성으로 자리 잡은 곳은 교토에서도 찾아볼 수 있다. 이는 전통 다도를 현대적으로 재구성한 살롱 운영 프로

찻집 박수다

　전국에서 박사가 가장 많다고 이름 붙여진 임실군 삼계면 박사골. 그 면사무소 앞 문화복지회관 1층에 작고 예쁜 찻집이 하나 생겼다. 이름은 '찻집 박수다'. 아마도 마을 이름 '박사골'과 '수다'를 합친 말 같다. 그런데, 영국 런던의 대영박물관 맞은편에도 'Tea and Tattle'—말 그대로 '차와 수다'라고 하는 찻집이 있다. 세계적인 대도시 런던과 산골마을 박사골 사이, 물리적 거리는 수천 킬로지만 마음이 쉬는 방식은 그리 다르지 않다. 런던이든 농촌이든, 차 한 잔과 수다 한 줌이 사람 마음을 살린다는 건 참 신기할 만큼 똑같다.

　'찻집 박수다'는 자녀들을 유학시키려고 이 산골에 이주한 젊은 엄마들이 자격증을 따서 직접 운영한다. 커피, 블루베리차, 유자차가 싼 값에 나온다. 가격보다 더 따뜻한 건 이곳의 분위기다. 이곳은 커피를 마시는 공간이 아니라, 이야기꽃을 피우는 온실이다. 이것이 무엇보다 중요하다. "날은 따뜻헌디 무릎은 왜 이리 시리당가?", "손주가 이번에 상을 탔당만 그려~", "요 앞 밭에 멧돼지가 또 내려왔대 금매,," 이런 말들이 쉼 없이 오간다. 외로움과 고립이 노년 건강을 위협하는 '조용한 전염병'이라고 말한다. 하지만 박사골 주민들은 이 찻집에서 치료하는 셈이다. 차를 마시고 수다를 떨고, 또 함께 웃는다. 마치 몸이 아니라 마음에 백신을 맞는 것처럼. 사람들이 모여 앉아 화제는 끝없이 흐른다. 서로의 말에 웃어주고, 맞장구치고, 소소한 걱정도 나누며 안심한다.

　복지란 아주 작고 구체적인 일에서 시작된다. 뜨거운 찻잔을 내밀며, "따뜻하게 드세요"라고 말하는 순간. 누군가의 말을 고개 끄덕이며 끝까지 들어주는 순간. "그럼 어쩌누" 하는 짧은 탄식이 위로가 되는 순간. 박사골의 '찻집 박수다'는 그 작고 구체적인 복지의 이름이다.

젝트로 진행된다. 이 살롱은 스트레스성 질환을 겪는 직장인과 노년층을 대상으로 매주 운영된다. 전문 다도 교사가 이끄는 의식 속에서 참가자들은 차를 준비하고, 함께 음미하며 내면을 돌아본다. 프로그램 참가자들은 스트레스 호르몬 수치가 의미 있게 감소하고, 자기 효능감이 상승한다고 느끼게 된다.

이런 치유카페를 본격 운영하면서 치유 공간으로 만들어 차 문화의 확장에 나선 곳도 있다. 바로 치유카페인 '쉼표다방'인데, 이곳은 곧바로 심리정서 지원 모델로 알려져 있다. '쉼표' 다방 프로젝트는 차를 중심으로 심리 정서를 지원할 목적으로 디자인된 치유카페다. 서울시 정신건강복지 프로그램과 협력하여 운영되며, 우울증 초기 단계에서 헤매는 시민을 대상으로 따뜻한 차와 함께 전문 심리상담 서비스를 제공한다.

그런데, 쉼표다방을 운영하려면, 몇 가지 점에 주목해야 한다. 우선 비심리치료적 접근으로서 진단이나 치료라는 느낌 없이 자연스럽게 차를 매개로 감정을 풀어낸다는 점이다. 더 뛰어난 점은 일상적 공간으로 인식되며 카페라는 일상 공간을 활용해 접근성을 높였다는 것이 두드러진다. 그 결과 공동체성을 강화하고 방문자들끼리 자연스럽게 대화를 유도하여, 상호지지 네트워크를 형성하는데 까지 나아간다. 이러한 운영이 거둔 성과는 방문자들이 마음의 무게가 가벼워졌다고 느낄 정도로 우울증세 척도 점수가 감소한다는 것이다.

또한, 독일의 카페하우스(Kaffeehaus)는 치매예방 공동체의 모델에 이를 정도로 큰 성과를 거두었다. 독일에서 치매 예방을 위한 커뮤니티 기반 프로그램으로 운영한 카페하우스 모델이 주목받는 이유가 특별히 있다. 여기에서는 전통적인 커피와 차 문화를 활용해서 특별히 노년층의 사회적 교류를 촉진하는 데 초점을 맞춘다. 초기 인지 저하를 겪는 노인들을 대상으로 매주 차를 매개로 한 기억 회상 프로그램이 진행된다. 전문가들은 이 방식을 "비약물적 인지 자극치료"라고 부르며, 지속 참여하면 실제 참여자들의 인지 기능 유지율이 향상될 것이라고 평가한다.

사회문화적으로 볼 때 차 공동체는 정말 자랑할 만한 효과가 있을까?

우선 궁금한 것은 과연 심리적인 회복력을 강화시켰는가이다. 전문가들은 차를 중심으로 한 공동체 모델이 개인의 회복력에 크게 기여한다고 단정한다. 차를 매개로 하는 느린 상호작용은 인간의 신경계끼리 맺는 긴장을 확실히 이완시킨다. 그리고 스트레스 반응을 억제하며, 정서적 안정감을 북돋운다. 이는 돌봄 공동체의 핵심 요건인 신뢰, 안정성, 친밀감의 토대를 제공하기 때문이다. 좀 더 거창하게 사회적 자본을 증가시키는데도 기여한다고 말하고 싶다. 이 것을 지속하면서 차를 매개로 한 공동체 참여, 사회적 정체감은 강화된다. 그리고 우울과 불안 위험이 낮아진다고 한다.

그런데도 여전히 고개를 갸우뚱하는 이들이 있을 것이다. 이는 그런 효과보다도 접근성과 지속가능성을 유지하기가 어렵기 때문이다. 차를 중심으로 한 공동체 모델에도 우선 접근성의 한계가 크다. 특정 문화권 외에는 차 문화를 그리 달갑게 보지 않는데

차 의식으로 테마공동체 조직정체성을 디자인?

차 마시는 것을 의미 깊은 의식(ritual)으로 전환하면 공동체의 정체성 형성과 활력 증진에 도움이 될 것이다. 바로 우리의 전통적 다례와 현대적 조직문화를 융합한다는 발상에서 출발한다.

차 의식이라고 하는 것은 상징적 행위인 특정 차 종류, 우려내는 방법을 공동체만의 고유한 문화 코드로 발전시킨다는 뜻이다. 예를 들면, 신뢰 기반의 협력을 강화하기 위해 차를 마시며 공유된 경험에 관련된 대화를 자연스럽게 진행하며 심리적 안정감을 키워준다. 또는 스타트업 팀이 차가운 물로 우려낸 아이스브루 말차로 '빠른 혁신'을 상징하며 정체성을 구축하는 방식을 생각할 수 있다. 이렇게 테마공동체에 알맞은 차 의식을 설계한다면 공동체 목적에 알맞은 의식적인 절차를 창안해야겠다.

예를 들어 스타트업이 혁신아이디어를 얻기 위해 활용한다면, 회의 전에 모두가 직접 말차 가루를 덜어 공동체용 티포트에 넣는 준비 과정이 필요하겠다. 그리고 각자 최근 영감을 준 경험을 1분간 이야기하며 차가 우려지길 기다리는 공유 과정이 뒤따를 것이다. 그리고 마지막으로 "이 회의에서 탄생할 아이디어에 건배!"를 외치며 함께 마시면서 결론을 선포하면 멋지지 않은가.

또는 지역자연환경 운동단체가 '쓰레기 없는 티타임'을 주제로 의식 절차를 펼친다면, 헌 옷으로 만든 필터백에 유기농 허브차를 넣는 재활용 티백으로 시작하게 된다. 그리고 이 차 한 잔의 기운으로 지구를 지키자며 다짐하는 선서를 한다. 마지막으로 마신 찻잎은 퇴비화해 공동체 텃밭에 사용하는 실천 행동을 의식화하는 것이다.

그런데 이 의식화가 실천 행동으로 결실을 맺으려면, 고정 시간대에 진행하고, 공동체 가치를 담은 특별한 티웨어(CI 로고 각인 컵) 사용, 참여도 제고, 의식 내용을 점점 업그레이드해가면서 지속적으로 흥미를 유지하는 방식을 철저하게 준비해야겠다.

여기에 스토리텔링을 덧붙이면 더 좋겠다. 차 한 잔에 공동체의 영혼을 담아 키워가는 의도적으로 디자인된 차 의식으로 소속감을 재확인하고 에너지 충전소로 충분히 기능을 발휘할 것이다.

이런 지역에서는 효과가 제한될 수 있다. 무엇보다 경제적 지속성 문제가 크다. 상업적 수익성이 낮기 때문에 장기적으로 자립 운영이 어려운 경우가 많아 중간에 접는 경우가 많다. 나아가 심화된 지원의 한계가 문제인데, 다시 말하면 중증 정신질환이나 심각한 사회적 고립 상태에 놓인 개인들에게는 보다 전문적 개입이 필요하기 때문이다.

이러한 제약을 보완하기 위해 전문가들은 '차 중심 공동체'와 '전문 심리치료 서비스'의 연계를 제안하고 있다. 다시 말하면 차, 돌봄, 그리고 새로운 공동체적 상상력을 발동해보라는 것이다.

차 한 잔은 그저 그렇고 그런 음료 한 잔을 넘어 인간 관계를 회복하고 공동체를 재구성하는 강력한 문화적 장치가 될 수 있다. 티살롱, 치유카페와 같은 사회실험들을 거쳐 차를 매개로 상호 돌봄과 정서적 교감을 촉진하며, 고립된 개인들을 공동체로 다시 불러들인다.

물론 차 중심 공동체 모델이 접근성과 지속성의 한계를 안고 있지만, 이는 초기 실험적 단계에서는 불가피한 부분이다. 보다 체계적으로 제도를 만들어 지원하고, 지역사회 특성에 맞는 맞춤형 설계를 병행해야한다. 그렇게 된다면, 차를 중심으로 한 돌봄 공동체는 현대 사회의 해체된 관계망을 다시 엮는 데 중요한 역할을 할 것이다.

지금 우리에게 필요한 것은 서로를 위해 차 한 잔의 공간을 만드는 것이다. 티살롱과 치유카페는 단순한 유행이 아니라, 잃어버린 공동체성을 되찾기 위한 필수적 사회적 인프라로 자리잡아야 한다.

11장

시간의 연대: 만들어진 전통, 만들어 갈 전통

　전통이라는 말을 들으면 흔히 고정되고 세월 흐름에도 끄덕 없는 불변의 과거 유산을 떠올리게 된다. 그렇지만, 실제로 전통은 시대와 환경에 따라 끊임없이 형성되고 재구성되는 흐름이다. 많은 전통은 특정한 사회 목적에 따라 의도적으로 '만들어진 것'이다. 특히 소용돌이치며 휘몰이 장단으로 충격이 몰려드는 현대 사회에서는 어떤 전통은 계승하고, 또 어떤 전통은 새로 만들어 나갈지에 대한 고민이 더욱 중요하다. 그래서 우리는 전통문화의 핵심적 특성을 잘 살피고, 차 문화를 통해 '나를 돌보고 함께 살아내는 작은 실천'의 의미를 재조명할 필요가 있다. 이로써, 과거와 현재, 그리고 미래를 아우르는 시간의 연대를 만들어 낼 수 있다.
　전통문화란 단순히 과거의 잔재를 의미하는 것이 아니다. 공동체의 기억과 가치를 지속시키는 문화적 실천이다. 전통문화에 담겨있는 이런 특징들이 이를 웅변한다.

- 지속성과 변동성의 공존 : 전통은 과거를 계승하지만, 시대 변화에 따라 유연하게 조정된다. 예를 들어, 우리 한복은 기본 형태를 유지하면서도 현대적 감각에 맞춰 변화하고 있다.
- 공동체 정체성의 구축 : 전통문화는 개인이 소속감을 느끼게 하고, 집단의 연속성을 경험하게 한다. 명절의 의례나 세시풍속은 가족과 사회의 일체감을 강화하는 역할을 한다.
- 의례성과 상징성 : 전통문화는 일상에 특별한 의미를 부여하고, 삶의 질서를 부여하는 상징적 행위를 통해 공동체의 규범과 가치를 전승한다.
- 자연과 인간의 조화 : 농경사회에 뿌리를 둔 전통문화는 자연의 리듬에 맞춘 생활양식을 발달시켰고, 이는 현대의 지속가능성 담론과도 연결된다.

이러한 특성때문에 전통은 단순히 과거에 머무는 것이 아니라, 현재를 살아가는 인간에게 끊임없이 의미를 부여하고 방향을 제시한다.

앞에서 말한 '만들어진 전통'이란 말에 주목해 보자. 이는 많은 전통이 특정 시기, 특정 목적을 위해 의도적으로 창조되었음을 뜻한다. 민족국가 형성 과정에서 이러한 전통의 창출은 특히 활발했다.

이렇게 설명한 전통을 우리의 다례에 비춰 살펴보면, 다례는 차를 통한 수양과 관계의 미학을 강조한다. 물을 끓이고, 찻잎을 우려내는 단순한 과정 안에는 집중, 정성, 절제가 요구된다. 이는 현대사회에서 점점 잊혀가는 '느림의 가치'를 되살리는 작은 실천이다.

차 문화의 핵심은 이 같은 의례성과 자연성이 담겨있는 활동이다. 차를 우러내는 시간은 일상에서 잠시 떨어져 자연과 호흡하고 자기 자신을 돌아보는 시간이다. 또한 찻잔을 건네는 행위 하나하나에도 인간관계의 예의와 존중이 깃들여 있다.

따라서 차 문화는 단순한 문화유산이 아니라, 인간 존재의 본질적 질문, "어떻게 살아갈 것인가"에 답하는 삶의 철학이다.

조선시대 후기에 이르러서 사회적 통합을 위해 다양한 의례와 문화가 정비되었다. 이처럼 만들어진 전통은 과거를 꾸며내고 자랑하려는 시도가 아니라, 새로운 사회질서를 구축하고 정체성을 강화하려는 것이다. 동아시아의 전통문화들이 대개 우리 못지 않게 형식성, 의례성에 주목한다. 일본 다도는 심하다 싶을 정도로 과장되게 나아갔다. 어디서나 쉽사리 찾아볼 수 있게 벌려놓고 역사성을 강조하지만, 엄격한 형식과 의례를 갖춘 것은 실제로 에도시대 이후에 생겨난 것들이다.

일반적으로 말해서, 만들어진 전통은 고정되기 쉽고, 변화에 대한 저항감을 불러일으킬 위험성도 함께 지닌다. 따라서 전통을 계승할 때는 '비판적 수용과 창조적 변용'이 필수적이다.

이런 점에서 차 문화는 그 어느 것보다 더 전통문화에 농축된 형태를 지닌다. 차 문화는 전통문화의 핵심 요소들을 함축하고 있다. 차를 우리는 행위에서 자연을 존중하고, 몸과 마음을 가다듬으며, 인간관계를 배려하는 총체적 삶의 방식이 전해져 내려온다.

전통문화, 차문화 : 함께 살아내는 작은 실천

'만들어진 전통'이 있다면, '만들어 갈 전통'도 있지 않을까? 차문화의 현대적 변용이 바로 여기에 해당된다. 아니, 오늘날 우리는 새로운 차문화 전통을 만들어야 할 필요를 느낀다고까지 말하고 싶다. 특히 차 문화는 현대적 삶에 맞춰 다양한 방식으로 변용되기 좋은 대상이기때문이다.

1인 가구의 증가, 정신건강 관심 증가 속에서 '차 치유'에 관심이 늘어나고 있어 새로운 전통의 싹이 보인다. 차 치유는 전통적 다례의 형식을 따르되, 개인적 명상과 치유를 목적으로 한다. 또한, 다양한 허브와 한방 재료를 이용한 현대적 블렌딩 티는 차 문화의 융합과 확장성을 보여준다.

이러한 흐름덕분에 전통 훼손 없이, 전통 정신을 현대적 맥락 속에서 재해석하게 된다. '나를 돌보고 함께 살아내는 작은 실천'은 과거의 차문화를 현대적으로 계승·발전시키는 구체적인 방법이다. 그리고 지속가능한 발전으로 안내하는 지름길이 된다.

새로 만들어질 전통은 과거를 기억하되, 미래를 지향하는 창조적 실천이 될 수 있다. 차를 매개로 우리는 개인적으로는 화평한 상태에서 동시에 공동체적 연대와 평화를 다질 수 있다.

　결국 차 문화도 전통문화의 하나라면, 시간 속에서 끊임없이 재구성되고 재창조되는 생명력 있는 문화적 실천이다. 만들어진 전통이라는 개념은 우리가 전통을 보다 비판적이고 창조적으로 바라보게 한다. 차 문화는 전통문화의 정수를 함축한 형태로서, 나를 돌보고 타인과 함께 살아내는 실천이 가능하다.

　앞으로의 전통은 과거의 답습을 뛰어넘어, 현재의 삶 속에서 새롭게 창조되는 생동하는 문화여야 한다. 차 한 잔의 여유 속에서 우리는 자연과 호흡하고, 스스로를 성찰하며, 공동체적 연대를 회복할 수 있다. 그 작은 실천들이 모여 새로운 시간의 연대를 이루어갈 것이다.

미래문화유산 차문화 : 해석과 적용

　우리는 '만들어진 전통'이라는 개념을 통해 전통이 고정된 실체가 아니라 시간 속에서 새롭게 구성되고 있다는 사실을 이해했다. 특히 '미래문화유산'이라는 말 속에는 현재 우리의 선택이 곧 미래세대에게 전해질 문화적 유산이 된다는 점이 담겨 있다. 이러한 관점에서, 차문화는 과거의 유산에 머무는 것이 아니라 미래를 향해 재해석되고 적용되어야 할 중요한 문화자산인 것이다.

차와 전통문화예술의 조화

차는 오랜 역사와 전통을 지닌 문화적 상징으로 인간 정신과 문화를 깊이 있게 담고 있다. 그리고, 전통예술과 융합하며 더 큰 가치를 지닌다. 그 조화로운 만남이 우리의 문화적 유산을 풍요롭게 한다.

다례는 조선시대에 꽃핀 전통으로, 가족 간의 예절과 사상적 가르침을 전하는 무형유산으로 기여했다. 그리고 다도는 차를 도자기, 목공예, 직물, 꽃꽂이와 결합하여 하나의 총체적 예술로서 자리 잡도록 했다.

차는 고대부터 여러 예술장르에서 꽃 피었고 특히 문학작품의 중요 주제였다. 조선 문인들은 차를 마시며 시를 창작하는 문인 문화를 발전시켰다. 차는 회화에서도 중요한 모티브로 사용되었다. 문인화에는 차 문화와 차 마시는 일상적 장면을 예술적으로 승화시켜 사대부의 이상적인 생활을 담아냈다. 또한 차를 마시는 동안 듣는 음악은 차의 맛과 향을 더욱 풍부하게 만든다. 전통 음악, 특히 가야금이나 대금과 같은 국악은 차의 고요한 분위기와 잘 어울리며, 마음을 안정시키고 심신을 치유하는 역할을 한다. 다실에서도 음악 연주는 차 문화의 한 부분으로 정착되었다.

결국 차와 전통문화예술은 서로 긴밀하게 연결되며 함께 진화했다. 이를 통해 우리의 문화적 정체성과 아름다움을 새롭게 조명할 수 있었다. 전통문화예술과 차의 융합은 현대 사회에서도 지속 가능한 문화적 유산으로 남아야 할 중요한 자산이다.

'미래문화유산'이라는 멋진 표현을 빌려 와 차문화의 미래적 가치와 적용 방안을 잠시 생각해 보는 것도 재미있겠다. 그런 생각에서 출발해서, 미래문화유산의 뜻풀이, 차 문화의 미래 가치를 가다듬어 보는 것은 뜻깊은 성찰이다. 만들어 갈 전통으로서 차 문화가 어떤 방식으로 우리의 삶에 적용될 수 있을까.

'미래문화유산'이란 현재 우리가 누리고 있는 문화, 예술, 기술, 생활양식 중에서 미래 세대에게 소중한 가치를 줄 것으로 예상하여 보호 전승해야 할 대상을 뜻한다. 이는 단순한 과거의 보존이 아니라, 현재의 창조적 실천이 미래를 위한 문화적 토대가 된다는 인식에 뿌리를 둔다.

미래문화유산이 될 차 문화에 어떤 특징을 부각시키는 것이 적절할까?

- 현재성과 미래지향성의 통합이다. 미래문화유산은 오늘의 문화를 기반으로 하지만, 그 지속성과 가치가 미래에도 인정될 수 있도록 준비해야 한다.
- 변화 가능성을 내포한다. 과거의 전통처럼 유일하고 고정된 형태가 아니라, 시대 변화에 유연하게 적응할 수 있는 개방성과 확장성을 요구한다.
- 사회적 합의와 실천이 필요하다. 무엇을 미래문화유산으로 남길지는 개인이 아니라 공동체적 합의와 집단적 노력에 따라 결정된다.

이러한 미래문화유산의 뜻은 문화정책, 교육, 예술, 생활양식 전반에 깊은 영향을 미치며, 특히 전통문화의 현대적 계승 방식에 대한 새로운 시각을 돌아보게 만든다.

문화를 연구하는 입장에서 '차 문화'라는 말에 선뜻 공감하기 어려워 아쉽기는 하지만, 또 그만한 표현이 없어서 적절히 쓰기로 한다. 차 문화는 굳이 정리한다면, 오랜 세월 동안 인간 생활 속에서 정신적, 사회적, 생태적 가치를 함축해 온 문화적 실천이다. 단순히 목으로 넘겨 마시는 재료와 활동을 넘어서서, 조금은 심도 있는 의미를 지닌다.

앞에서 이미 말한 바 있지만, 심신을 수양하는 실천 행동으로서 우려내는 과정을 찬찬히 내려다 보면서 심란한 마음을 가다듬는다. 또 몸을 순수한 상태로 되돌리며 정화하면서 회복하는 과정으로 받아들인다. 나아가 사람을 처음 만나 소통을 펼치는 공간의 구성체로서 타인과 관계를 맺는 중요한 사회적 행위였다. 다과와 함께 나누는 차 한 잔은 신뢰와 배려를 상징한다. 나아가, 차 한잔은 자연의 산물이며, 물과 불, 잎의 그윽한 조화로 완성된다. 이런 활동 가운데 인간은 자연의 리듬과 조화를 이루는 삶을 실천하게 된다.

'차 문화'라는 간단한 말에는 매우 오묘하고 심도있는 이러한 정신적, 사회적, 생태적 가치가 내포되어 있다. 시간적으로도 단순한 과거의 관습이 아니라 현대적 삶에도 깊은 울림을 준다.

전통을 넘고, 세상과 닿다

전통적 다례의 엄격한 형식을 그대로 답습하는 것만으로는 차 문화의 생명력을 유지할 수 없다. 차 문화를 만들어질 전통이라고 생각하며 미래에 어떻게 지속발전 가능하게 이어가야 할까? 우선 미래문화유산으로서 새롭게 해석되고 적용되어야 하지 않겠는가.

현대인의 생활방식에 맞춰 간소화된 다례, 1인 차 명상, 차를 통한 심신 치유 프로그램 등은 차문화를 현대적으로 재구성하는 좋은 예다.

특히 현대인들이 취약하기 그지없는 스트레스 해소, 심리적 안정에 기여 할 차 치유 프로그램이 시급하다. 차문화의 정신을 유지하면서도 현대인을 돌보는 차문화를 '치유 문화'로 재해석하는 것은 미래문화유산으로서의 차문화 발전에 중요한 '의미의 발견'이다.

 차가 바꾼 세계 문명: 찻잔 속 세계사

차는 단순히 문화적인 '요소'를 넘어서, 역사와 문명을 바꾸는 중요한 '요인'이었다. 차의 출발은 동양에서 서양으로 나아가는 대항해 속에서 시작되었다. 차가 실크로드와 바다를 통해 서양으로 건너가며, 세계 무역과 교류의 중요한 매개체가 되었던 이야기를 말한다. 차와 관련된 동서양 간의 상호작용을 통해 글로벌화의 기원을 살펴볼 수 있다. 그런 점에서 차는 문명사의 큰 혁명이었다. 차가 가져온 경제적 변화와 정치적 파장에서 차가 한 사회를 뒤 흔든 도화선이 된 사례가 있다. 예를 들면, 보스턴 차 사건, 영국의 차무역 독점이 바로 그 생생한 사례들이다.

차를 둘러싼 인간의 갈등과 조화도 문명 전환의 고삐였다. 차 재배와 유통 과정에서 발생한 계급 문제, 식민지 착취, 그리고 현대에 이르러 공정무역 차 운동의 흐름이 살아있는 증거인 것이다.

우선 관심을 갖는 것은 '차문화의 세계화'라고 할 수 있겠다. 우리의 차 문화는 세계적으로 확장될 가능성을 지니고 있다. 최근 해외에서는 'K-Tea'라는 이름으로 한국 전통차에 대해 많이 관심을 갖고 있다. 이는 한국적 차문화를 세계인의 일상 속으로 확장하는 기회가 된다. 문화활동 가운데서 '문화적 할인'이 가장 적어서 동질감을 쉽게 느낄 수 있는 것이 음식료 아닐까. 코카콜라가 이토록 전 세계적으로 넘쳐나는 것이 이를 증명하고도 남는다.

우리 차 문화가 문화영토를 넘어서 글로벌로 뻗어 나가려면, 이를 위해 다양한 블렌딩, 현대적 디자인의 다구 개발, 다문화적 요소와의 융합이 필요하다. 전통을 고수하는 것과 현대적 감각을 수용하는 균형이 필수적이기 때문이다.

그 다음으로 생각할 점은 차 문화의 생태적 가치를 강조하여 행동을 실천하게 해야 한다는 것이다. 차는 자연 속에서 자란다. 차문화를 계승하고 확장하는 과정에서 자연친화적 가치, 지속가능성의 중요성을 적극 부각시켜야 한다. 유기농 차 재배, 공정무역 차 생산 등은 차문화를 통해 생태적 윤리 실천을 가능하게 한다.

미래 세대는 단순히 전통을 보존하는 것이 아니라, 지속가능한 방식으로 전통을 이어가는 데 가치를 둘 것이다. 차 문화가 이러한 생태적 가치를 품는다면, 그것은 진정한 미래문화유산이 될 수 있다.

중요한 것을 지속하려면 교육이 필요한데, 차 문화에 대해서도 차문화 리터러시가 중요하다. 차문화를 미래문화유산으로 만들기 위해서는 체계적인 교육과 정책적 지원이 필수적이다. 초중등 교육과정에 차 문화를 접목하거나, 다양한 체험형 프로그램을 운영하여 청소년들이 자연스럽게 차문화를 체득할 수 있도록 해야 한다.

또한, 차 문화를 문화정책 대상으로 보고, 정책적인 지원, 보호, 육성, 규제를 강화하여 지방정부 및 문화재청 차원의 지원을 통해 지역 차문화 축제, 차문화 박물관 등을 활성화함으로써 문화적 인프라를 구축할 필요가 있다. 남북한 간에 차문화의 동질성을 회복하고, 차를 매개로 남북통합에 기여할 전략을 개발하는 것도 이러한 맥락을 전제해야 한다.

미래문화유산은 과거의 유산을 단순히 보존하는 것을 넘어, 현재의 창조적 실천이 미래 세대의 문화적 토대가 된다는 점을 강조한다. 이러한 관점에서 차문화는 과거의 굴레를 벗어던지고 활기차게 현대적 삶에 맞게 재해석되고 적용되어야 한다.

심신 치유, 공동체 연대, 자연과의 조화라는 핵심 가치를 현대적 글로벌 감각에 맞게 정책적으로 변용한다면 세계적인 미래문화유산으로 나아가는 박석이 될 수 있다. 차 한 잔의 여유와 명상은 빠르게 변화하는 현대사회 속에서 인간성과 공동체성을 회복하는 창문이 될 수 있다.

우리는 작은 실천 속에서 미래의 문화를 만들어가고 있다. 그리고 이 작은 실천이 모여, 만들어질 새로운 전통, 미래문화유산으로서 찬란히 빛날 것이다.

MZ세대의 차 문화

MZ세대의 사람들은 시간적으로 밀레니얼기와 Z세대 출생기를 포괄해서 부르는 데, 공간적으로는 전 세계적으로 펼쳐져 문화변화의 중심에 서 있다. 이들은 디지털 네이티브로서, 정보의 바다 속에서 다양한 문화를 빠르게 소비하고 변형하는 능력이 뛰어나다. 그들은 또 전통과 역사를 무조건 계승하지 않고, 자신의 가치관에 맞게 선택하며 계승 실천한다. 이들의 특성은 차 문화라는 전통적 문화유산을 접하고 수용하는 방식에도 뚜렷하게 반영되고 있다. 그리고 문화소비에 크게 영향을 미친다. 그들은 차 문화를 어떻게 해석하고 재구성하려들까. 그들이 이끌어 가는 미래의 차 문화는 어떻게 진화할까.

MZ세대는 전통 차 문화에 대하여 일단 긴장을 한다. 그러면서도, 이를 재구성하는 데 거침없고 용감하게 행동을 한다. 그들이 긴장을 하는 이유는 바로 자기들이 경험하지 못한 시대에 생겨난 오래 전 문화이기 때문이다. 전통 차문화라고 하는 것은 의례성과 규범성에 뿌리를 두고 있다. 조선시대 다례가 엄격한 절차와 형식을 중시하면서, 차를 마시는 행위를 공동체 의례로 이어왔다는 점에 관심을 갖는다. 그러나 이 세대는 '형식' 그 자체보다는 '경험'과 '가치'를 중요시하기 때문에 일차적 반응은 바로 긴장이다.

　MZ세대는 전통을 맹목적으로 수용하지는 않는다. 그들은 왜 차를 마시는가, 차가 내 삶에 어떤 의미를 줄 수 있는가에 대한 근본적인 질문을 던지며, 차 문화를 재구성하려는 경향을 보인다. 따라서 과거의 다소 엄격한 다례 형식은 그대로 계승되지 않고, 보다 감성적이고 개인화된 방식으로 변용되는 것이 당연하다.

　어디 이뿐인가. 차 문화의 재해석에 있어서도 그들 특유의 감성, 브랜딩, 공동체성이 차문화 생활에서 여지없이 우러나오고 있다. 그들만의 순도높은 색깔과 향기로 퍼져 나온다. MZ세대는 차 문화를 단순히 계승하는 것이 아니라, 새로운 가치를 부여하며 재해석하는 문화소비자, 프로슈머인 것이다.

　감성적 차문화때문에 MZ세대는 차를 통해 '힐링'을 경험하고자 한다. 일상 속 스트레스 해소를 위한 차 명상, 감정 치유를 위한 허브티 블렌딩 등이 인기를 끈다. 뿐만 아니라 브랜드 차원에서도 MZ세대 특성에 맞춘 큐레이션이 활발히 이루어진다. 예를 들어, '취향에 맞는 차를 추천하는 구독 서비스', '블렌딩 워크숍' 등이 등장하여, 차 문화를 개인화된 경험으로 제공한다. 그런데 놀라운 것은 이런 활동들로 공동체성을 강화한다는 점이다. 차를 함께 마시는 것은 여전히 강력한 사회적 연결 수단이다. 단, 과거의 엄숙한 모임이 아니라, 카페, 전시회, 워크숍 형태로 보다 자유롭고 창

MZ세대는 차로 자기표현

　MZ세대가 차 문화소비 방식은 나름의 기준과 가치가 뚜렷한 소비자 행동으로 보인다. 일반적인 문화예술 소비의 특징과 골격은 같지만 브랜드와 노브랜드의 공종과 차별성이 보인다.

- **자기표현의 수단** : 차는 단순한 음료가 아니라, 자기 정체성을 표현하는 매체가 된다. 특정 브랜드의 블렌딩 티를 선택하거나, 직접 차를 블렌딩하는 것은 자신만의 취향과 라이프스타일을 드러내는 행위이다.
- **경험 중심의 소비** : MZ세대는 상품 자체보다 '경험'을 소비한다. 차를 마시는 행위가 단순한 음용이 아니라, 휴식, 명상, 자기돌봄의 경험으로 확장된다.
- **스토리텔링과 감성 연결** : 전통차에 얽힌 스토리, 생산자와의 연결, 지역성과 역사성 같은 요소를 중시한다. 단순히 맛있는 차를 찾기보다는, '이 차가 어디서 어떻게 만들어졌는가'에 대한 이야기와 정체성에 더 많은 가치를 둔다.
- **디지털 기반 확산** : 인스타그램, 유튜브, 틱톡 같은 SNS를 통해 차 문화가 빠르게 확산되고 있다. 아름답게 세팅된 찻상, 독특한 찻잔과 다기 사용법 영상 등이 디지털에서 큰 반향을 일으키며, 차문화는 자연스럽게 MZ세대 문화에 녹아들고 있다.

의적인 방식으로 구현된다는 점이 독특하다.

　MZ세대 차문화 트렌드가 구체적으로 등장한 지는 꽤 오래 되었지만 일시적 유행이나 관심의 수준을 넘어서고 있다. 오랜 시간 사람들의 관심권에서 머물며 트렌드를 넘어서 하나의 문화현상으로 자리 잡고있는 것이다. 몇 가지 두드러진 MZ특징과 융합한 MZ 차문화 생활을 따라가 보자.

- **'티 소믈리에' 자격증 인기** : 차문화를 전문적으로 배우고자 하는 MZ세대가 늘어나면서 티 소믈리에 관련 과정이 성황을

차 블렌딩 노트 & 감각 기록지

중요한 기록을 즐기는 MZ들은 차 블렌딩 노트에 자신이 만든 차 레시피를 기록한다. 블렌딩을 한 날짜를 적고, 어떤 차를 어떤 비율로 섞었는지, 우리기 온도와 시간, 추가한 재료(예 꿀, 레몬 등)를 기록한다. 그리고 왜 이 블렌딩을 했는지, 즉 마음 상태나 의도를 간단히 메모한다.

감각 기록지에는 차를 마시면서 느낀 것을 자세히 기록한다. 차의 향(꽃향, 허브향, 달콤한 향), 색(연한 노랑, 붉은색, 초록색), 맛(쌉쌀함, 달콤함, 신맛)을 관찰하고 적는다. 또한 목 넘김이 부드러운지 진한지, 마신 후 몸과 마음이 어떻게 변했는지(편안해졌는지, 상쾌해졌는지) 기록한다.

마지막에는 차에 대한 전체적인 평가나 다음에 개선하고 싶은 점을 자유롭게 메모해 둔다.

이룬다. 이는 차 문화를 '취미'이자 '자기 계발'의 일환으로 수용하는 방식이다.

- 블렌딩 티 카페의 급증 : 서울의 홍대, 연남동, 한남동에는 개인 블렌딩 티를 만들어 주는 카페가 인기를 끌고 있다. 고객은 자신의 감정 상태나 취향에 맞춰 직접 차를 선택하고 조합할 수 있다.
- SNS 속 '티 플루언서' 등장 : 차문화를 전문적으로 소개하거나, 티 테이블 스타일링을 선보이는 인플루언서들이 늘고 있다. 이들은 차 문화의 미학적 측면을 강조하며 대중적 확산에 기여한다.
- 지속가능성 강조 : 공정무역 인증 차, 친환경 포장, 제로 웨이

스트를 실천하는 차 브랜드에 대한 선호도가 높아지고 있다. 이는 차 문화를 소비할때에도 환경보호와 같은 윤리적 가치까지 고려하는 착한 MZ세대의 특성을 보여준다.

그렇다면 MZ세대가 주도하는 이러한 차 문화는 어디까지 뻗어 나갈까? 우선 과거의 전통을 단절시키지 않는다는 전제는 굳게 이어질 것으로 보인다. 오히려, 차 문화의 본질인 '삶의 여유와 성찰', '공동체적 소통'이라는 가치를 현대적 감각으로 새롭게 살려낼 것처럼 기세가 등등하다.

앞으로 MZ세대는 차 문화를 통해서 디지털 차문화 플랫폼의 활성화가 거침없이 이어져 온라인 기반 차클래스, 메타버스 티 파티 등이 번성할 것으로 보인다. 또한 지역 사회문화 특성에 비춰보면 지역 전통의 재발견으로 특정 지역의 야생차, 재래종 차에 대한 관심이 크게 늘어날 것이다. 아울러 감정 기반의 차에 관심을 기울여 추천하는 시스템이 늘어나 기분에 따라 차를 추천하는 AI 차 어플리케이션이 등장하는 것도 이상하지 않겠다. 더 나아가면 차 문화와 예술의 융합이 활발해지면서 티 퍼포먼스, 차 테마의 미디어 아트 등 새로운 장르를 개척하는 데 기여할 것이다.

결국, MZ세대는 차문화를 고리타분한 과거 유산이 아니라, 자신의 삶을 풍요롭게 하고, 공동체적 연대감을 회복하는 중요한 문화적 자산으로 만들어 나가는 데 앞장 설 것이다. 새로운 음식, 향기, 음료에 관심이 많은 MZ세대는 과거 세대와 다르게, 전통을 무

오염시대, 차 한 잔의 생태문화

지구는 이제 숨쉬기조차 힘든 곳이 되었다. 황사, 미세먼지, 대기오염, 중금속, 수질 불안정, 예측하기 어려운 날씨 변덕까지. 이제 인간들은 매일 보이지 않는 위험에 노출되어 있고, 몸에는 천천히 피로가 축적되고있다. 이런 시대에 차 한 잔의 생태학은 생태적 감수성과 회복적 문화를 실천하는 도구로 주목받는다. 오염시대를 살아가는 작고도 깊은 회복의 기술과 지혜를 가르쳐 준다.

차나무는 인간의 손길이 닿기 전부터 산과 계곡에서 자라왔다. 자연과 함께 호흡하고, 그 기운을 잎에 품고 살아온 식물이다. 찻잎에 들어 있는 항산화 성분덕분에 인간들의 체내 염증 감소, 중금속 배출, 면역력 향상에 도움을 준다. 차를 마신다는 것은 식물과 교감하며 내 몸의 생태 균형을 되찾는 행위다.

자연 환경오염은 단지 물질의 문제가 아니라 감각의 문제다. 차는 눈으로 색을 보고, 코로 향을 맡고, 손으로 온기를 느끼고, 혀로 맛을 확인하게 한다. 차 한 잔을 통해 우리는 단절된 오감과 자연을 연결하는 생태문화의 문을 연다. 감각은 환경을 읽는 능력이며, 감각을 회복하는 일은 곧 환경을 되살리는 일이다.

한 잔의 차로 지금 내가 마시는 물, 사용하는 잔, 소비하는 열에너지까지 되돌아본다. 물을 아껴 끓이고, 잎을 남김없이 우리고, 도자기로 만든 찻잔을 재사용하는 행위는 작은 지속가능성을 실천하는 착한 행동이다. 차는 탄소를 줄이는 정도를 넘어서, 탄소 이전의 마음을 회복하게 한다. 이렇게 차는 일상의 생태 교육자료다.

이렇듯 생태문화는 차 한 잔에서 시작된다. 거대한 환경운동이나 정책도 중요하지만, 생태문화는 일상의 습관에서 시작된다. 차 한 잔이 바로 그 출발점이 된다. 차는 식물이면서 문화이며, 생명이면서 철학이다. 따뜻한 물을 끓이고, 찻잎을 한 줌 우려내고, 조용히 마시는 지금 이 순간, 우리는 이미 생태문화를 실천하고 있는 것이다.

조건 계승하지도 않고, 무조건 거부하지도 않는다. 그들은 전통 속에서 가치를 발견한고 가치사슬을 엮어내며, 이를 자신만의 방식으로 새롭게 재구성한다. 차 문화는 MZ세대의 손에서 더 이상

'무형 문화'가 아니다. 그것은 '삶의 문화'로, '감성의 언어'로, '미래의 자산'으로 다시 태어나고 있다.

  차 한 잔을 통한 여유, 치유, 공동체성은 빠르게 변하는 현대사회에서 인간성을 회복하는 소중한 수단이다. 그리고 MZ세대는 이 소중한 가치를 오늘, 그리고 내일로 이어가고 있다. 미래의 차 문화는 이들에 의해 더욱 창조적이고 풍성하게 꽃피울 것이다.

12장
지속가능한 세상, 차 문화 상상력

나는 이제부터 세상 앞에서 펄펄 끓지 않고, 우러나려고 한다. 이제는 끓이기보다, 가만히 우러나는 삶이 좋다. 지금 나를 살리는 건 뜨거운 욕망보다, 따뜻한 여백이다. 그래서 차처럼 살면, 말이 줄고(節言) 마음은 진해진다.

차 한 잔 속의 세상은 이처럼 오묘하다. 오랜 시간 축적된 자연의 힘, 지역공동체의 삶, 그리고 인간의 상상력이 녹아 있다. 오늘날 삶의 질을 옥죄는 휘몰이 충격 속에서 지구는 기후 위기, 생태 위기, 지역 소멸이라는 복합적 위기를 마주하고 서 있다. 지금, 우리는 삶의 방식을 근본적으로 재구성할 필요에 부딪치고 있다.

이런 시대에 '차'는 단순히 소비의 대상이 아니라, 지역성과 자연 존중, 생태적 삶을 연결하는 상상력의 매개로 다시 조명받는다. 앞에서 우리는 차 문화라고 하는 것을 백밀러, 현미경으로 들여다 보았다. 이제는 망원경이라고 하는 또 다른 거울로 지속가능한 삶을 모색해야 할 것이다.

자연은 말없이 우리를 낮게 한다. 우리는 그 침묵을 들을 줄 알아야 한다. 미래를 보면서 특히 지역문화와 자연의 조화를 이루는 '차 생태문화'를 주목해야 하지 않을까. 이쯤에서 차를 매개로 새로운 삶의 패러다임을 제안해보려 한다.

사실 차 문화의 역사와 지역문화의 연결은 너무나 당연한 것이다. 왜냐면, 차 문화야말로 오랜 세월 동안 특정 지역의 기후, 지형, 사회문화적 조건 속에서 독자적으로 진화해왔기 때문이다. 예를 들어 우리나라에서는 고려 시대 이후 지역에서부터 차 문화가 꽃을 피우며, 승려와 선비들은 차를 통해 자연에 순응하는 삶을 추구했다. 중국의 윈난 지역도 야생 찻나무인 대엽종차수(大葉種茶樹)의 고향으로, 지역 주민들은 오래전부터 차와 함께 자연과 조화를 이루며 살아왔다.

차 문화는 토양, 물, 기후, 노동, 시간 등 지역 생태계 전반을 포괄하는 사회문화 활동이다. 각 지역의 특수한 생태 환경은 고유한 향과 맛을 가진 차를 탄생시켰다. 그리고, 이러한 차는 그 지역 사람들의 정체성과 삶의 방식에 깊게 뿌리내렸다. 하동의 야생차밭이나 제주도의 오설록 녹차밭은 단순한 농업공간에 그치는 것이 아니다. 이곳은 인간과 자연이 서로 존중하고 협력하는 방식으로 땅을 경작해 온 살아있는 생태문화의 증거다.

차 잎을 키우고 차 생활을 즐기는 것은 자연을 존중하는 차 생태의 정신에서 비롯된다. 차를 통한 자연 존중은 인간이 자연을 단순한 자원이나 소비 대상으로 보지 않고, 동등한 존재로 인정하는 태도에서 시작된다.

전통적인 차 재배 방식은 대량생산 농업과는 다르다. 화학비료와 농약 없이 자연 그대로를 존중하며, 수백 년 동안 이어진 생태적 농업방식을 통해 토양과 생태계를 보호한다. 우리나라 차 시배지인 하동 땅에서부터 제주에 이르기까지 수백 년간 숲과 차밭의 경계를 무너지지 않게 관리해왔다. 차밭 주변의 숲은 좁은 지역에서 생기는 독특한 기후인 미기후(微氣候, mieroclimate)를 조성해 찻잎의 품질을 높인다. 그 만큼, 다양한 생물종의 서식처를 제공한다. 교토 우지 지역의 전통 차농들도 이런 방식으로 품질좋은 차를 생산하고 소비해왔던 것이다.

이러한 생태적 관리 방식은 오늘날 '지속가능성'이라는 키워드를 고민하는 우리에게 중요한 교훈을 제공한다. 차 한 잔을 통해 우리는 자연의 시간, 생명의 순환, 인간의 겸손함을 배운다.

지역과 자연을 연결하는 차 생태문화

현대 지역사회의 문화발전을 보는 데도 차 생태문화의 현대적 재해석은 중요하다. 오늘날 우리는 산업화와 글로벌화 속에서 차를 대량소비하는 데 익숙해졌다. 그러나 이로 인해 지역적 특성과 자연에 대한 존중이 사라지고 있다. 차를 플라스틱 병에 담아 손쉽게 마시는 시대에, '차 생태문화'를 복원하고 재해석하는 것은 매우 중요한 과제이기 때문이다.

이를 위해 몇 가지 실질적인 참여와 행동을 시도해야 하지 않겠는가.

- 지역차 재발견 운동 : 지역 고유 품종의 차를 발굴하고, 전통 재배 방식을 복원하는 프로젝트가 필요하다. 예를 들어, 하동 야생차 복원운동이 활발히 진행되는 것처럼, 지역경제 활성화와 생태 보존이라는 두 마리 토끼를 모두 잡도록 전개한다.
- 생태적 차 소비 문화 조성 : 친환경적으로 재배된 차를 소비하는 것은 단순한 개인 취향의 문제가 아니라, 지구 환경을 지키는 실천이 된다. 이를 위해 공정무역 차, 유기농 인증 차 소비가 하나의 사회운동으로 떠오를 수 있다.
- 차 기반의 공동체 복원 : 마을 단위로 차를 함께 재배하고, 가공하고, 나누는 활동은 공동체의 유대감을 강화하는 데 기여할 수 있다. 이때 차는 공동의 기억과 이야기를 담는 매개체가 되어줄 것이다.

요즘 모든 공공활동에서 대 전제로 깔고 논의하는 것은 '지속가능성'이다. 휘몰이 환경충격을 거치고 난 뒤 우리 '경제공동체'는 '생명공동체'로 바뀌고 있다. 이 연속과정에서 우리는 차문화적 상상력과 지속가능한 삶을 연결시켜 보면 어떨까. 차 문화와 차를 매개로 한 새로운 상상력은 지속가능한 미래를 여는 다음과 같은 열쇠가 된다.

- 시간을 느리게 살아가는 법 : 차를 끓이고 마시는 과정은 인간에게 '느림'의 가치를 일깨운다. 빠름과 즉각성에 중독된 현대사회에서, 차를 통한 느림은 인간다운 삶을 회복하는 중요한 방법으로 재평가 될 수 있다.
- 생태적 감수성 회복 : 차밭에서 자라는 찻잎 하나에도 온 우주의 이치가 담겨 있다. 차를 통해 우리는 다시금 자연의 섬세한 변화를 감지하고, 생명에 대한 존중과 감수성을 키울 수 있다.
- 다양성의 존중 : 세계 각지의 차 문화는 저마다 독특하다. 이러한 다양성은 획일화된 소비문화에 대한 강력한 대안이 된다. 지역성과 문화적 다양성을 존중하는 것은 지속가능한 삶의 핵심이다. 동시에 지역 정체성과 로컬리티의 재발견에 기여한다.

이제 차 한 잔으로 시작하는 새로운 길은 선택의 문제를 벗어나 필수적인 일이 되었다. '차'는 단순히 과거의 유물이나 취향의 문제가 아니다. 차를 매개로 우리는 지역을 되살리고, 자연과 교감하며, 지속가능한 삶을 상상할 수 있다. 차를 심고, 키우고, 따고, 우려내는 모든 과정 속에 '사람과 자연의 조화로운 관계'가 녹아있다. 생태인본주의로 자리매김하게 된다.

차나무 시배지의 전통재배풍습을 유네스코 우수 보호 모범사례로 등록

우리나라 차나무 시배지 지역의 전통 재배풍습을 유네스코 무형문화유산 보호 협약(2003) 기반의 '우수 보호 모범사례'로 등재하는 정책을 구상해 볼 만하다. 천년을 이어온 차의 숨결속에서 한국 차나무 시배지의 전통 재배풍습과 공동체 보호 활동을 재조명하는 것이다. 우리나라 차나무 시배지는 9세기 통일신라 시대부터 전승되어온 차문화의 발원지로, 단순한 농업기술이 아니라 공동체의 삶, 자연과의 공존, 전통지식, 의례, 예술이 복합적으로 얽힌 살아있는 유산이다. 하동·보성 같은 시배지 지역에서는 차나무와 함께 전통 제다법, 계절 따라 움직이는 농법, 마을 단위의 의례와 축제가 이어져 왔다. 최근에는 지역 공동체 주도의 교육, 문화행사, 생태농법 전환 등 다양한 보호활동이 펼쳐지고 있다.

이러한 유산을 보호하기 위한 지역 공동체의 자율적이고 통합적인 실천모델로 이를 소개하자는 것이다. 또한, 전통지식 보호와 생물문화다양성, 공동체문화 재건을 동시에 달성하는 모범사례로서 세계 각국의 유사한 환경에서 적용 가능한 전략을 제공한다. 해당되는 관련 지역은 하동군, 보성군, 제주도 일부 지역으로 하면 적절하겠다. 여기에서 공동체는 차농가, 전통제다인, 차 관련 장인(다기, 도예, 종이), 문화기획자, 지역 다도회 들로 선정하면 될 것이다.

유산 보호를 위한 목표와 접근은 지역 고유의 전통 재배풍습과 계절 순응형 농법 보호, 공동체 중심의 지속가능한 농촌문화예술 생태계 조성에 중점을 둔다. 또한, 무형문화유산으로서 차문화 전통의 교육·전승 구조 정립, 문화다양성 및 생물문화다양성의 실천적 보호모델 공유에 접근한다.

여기에 참여하는 공동체는 전통 차농가가 자발적으로 구성한 각종 협의회, 지역 초·중학교 및 청년 창업자 대상 전승교육 프로그램 운영, 여성 다도회 및 노년층 농민의 구술채록과 공동체 전시, 마을 단위의 차문화 축제, 다례 퍼포먼스 공동 기획 및 실행으로 구성하면 적절하겠다.

보호 실천 활동으로 보여 줄 것은, 전통 농법 및 제다법 복원(무농약 재배, 계절별 덖기 기술 전수), 생애주기별 다례교육(유아~노년층 대상 다례 감성교육), 디지털 기록화(전통 재배풍습, 도구, 제다 기술의 디지털 아카이빙), 예술과 융합(차문화와 현대 도예, 무용, 영상)의 협업 전시, 에코문화관광(차밭 해설, 체험형 티워크숍, 전통숙소 운영)을 포괄하여 제시한다. 이를 통해 어떤 성과를 기대할 수 있을까? 청년 농업 인구 유입, 지역사회 문화경제 활성화, 세대 간 감성 연결, 공동체 정체성 회복, 국내외 차문화 네트워크 형성, 교육 커리큘럼 반영, 지역 브랜딩 강화, 유사한 전통 농업지역의 모델로 적용 가능성을 검증할 수 있다. 이 활동의 지속 가능을 확보하기 위해서 공동체 주도 거버넌스(문화생태협의체) 확립, 지역 조례 제정(전통차 문화 보존 및 진흥 조례), 민관협력 재정 기반 마련(지자체+농협+문화재단), 국내외 교류 플랫폼 구축(차문화 포럼, 국제 다례주간 운영)등에 주력해야 한다.

이러한 차 생태문화적 상상력은 우리가 직면한 기후위기, 지역소멸, 생태 파괴의 시대를 넘어서는 데 있어 소중한 방향성을 제공한다.

지금 우리의 손에 쥐어진 한 잔의 차는, 지속가능한 미래로 가는 문이다. 우리는 이 문을 용기 있게 열어야 한다.

삶의 균형 : '생활치유 문화' 만들기

우리를 둘러싸고 있는 환경 속 지금 우리의 모습은 한마디로 '빠르게 사는 시대 속 균형을 잃어버린 인간'들이다. 속도 경쟁 속, 어지럽게 가속되는 기술 발전, 평균적인 도시화가 쓰나미처럼 밀어닥치지만, 그 속에서 인간은 점점 삶의 균형을 잃고 있다.

스트레스, 번아웃, 우울증, 고립감은 현대인의 이제 고질병이 되었고, 많은 이들이 치유와 회복을 갈망하고 있다. 그러나 치유는 단순히 개인적인 심리적 회복만을 의미하지 않는다. 우리가 살아가는 생활문화 전반을 치유적 방향으로 재구성해야 한다. 이를 '생활치유 문화'라 이름 붙이고 싶다. 힐링과 웰빙에 문제가 발견되어 치유에 나서는 것이 아니라, 건강할 때 평소의 삶 속에 자연스럽게 치유개념이 들어 있는 문화적인 생활을 말해 붙인 이름이다.

그것은 곧 삶의 구조, 인간관계, 공간, 시간 사용법까지 모두 다시 짜는 일이다. 삶의 균형을 회복하는 생활 치유문화를 만들기 위한 전략을 사회전략적으로 탐구해야 하지 않겠는가.

왜 우리는 균형을 잃었는가?

균형이란 단순한 상태가 아니라, 다양한 요소들 간의 조화롭고 건강한 관계를 의미한다. 문제는 현대사회가 이러한 균형을 스스로 깨뜨렸다는 점이다. 원인을 다시 반복한다면, 더 빨리, 더 많이를 강요하는 사회적 구조와 속도 중심의 문화 때문이다. 나아가 존재보다 소유에 집착하게 만든 경제 시스템과 물질만능주의 따라가기이다. 그리고 디지털화로 생겨난 인간관계의 피상화와 관계의 약화 때문이다. 또 하나 덧붙인다면 자연과의 단절로 생겨난 도시화와 생태파괴로 인한 자연 감수성의 상실 때문이다.

결과적으로 인간은 자기 자신, 타인, 자연, 심지어 시간과도 건강한 관계를 맺지 못하고 지내는 상황이다. 균형이 깨지니 삶은 피로하고 불안정해졌다. 이로부터 치유의 필요성이 절실하게 제기되었다.

생활 속에서 자연스럽게 자리잡은 문화를 '생활문화'라고 한다. 그런데 이런 생활문화 속에 언제부터인가 '생활치유 문화'라는 작은 카테고리가 생겨나 떡 하니 자리 잡으면 좋겠다.

생활치유 문화는 단순히 병을 고치는 것이 아니라, 삶의 방식 자체를 건강하고 조화롭게 재구성하는 문화적 흐름을 뜻한다. 의식적이고 의도적인 활동이 추가적으로 덧붙여져야 겨우 평균적인 삶을 유지하게 된 것이다. 이런 것들이 문화정책의 아이디어로 떠오른 배경은 다음과 같은 몇가지이다.

- 자기돌봄 : 자신의 몸과 마음을 존중하고 돌보는 생활이 별도로 필요
- 공동체성 회복 : 타인과 깊은 신뢰와 연대의 관계를 맺는 문화 수요
- 자연친화적 삶 : 자연과의 조화로운 공존을 지향하는 생활 방식
- 시간의 재구성 : 바쁜 생산성 중심의 시간이 아니라, 성찰과 휴식이 있는 생활시간 배분구조 필요

이러한 치유적 문화는 개인의 심신 건강을 넘어, 사회, 생태, 문화 차원의 포괄적 건강을 지향한다.

그렇다면, 균형을 위한 치유문화를 만드는 의도적인 정책을 어떻게 꾸려나갈까. 어찌 보면 좀 유난스럽다 할 정도의 호사일 수도 있지만, 자신의 몸과 맘을 치유한다면서 이 정도는 가볍게 생활 속으로 가져와야 하지 않을까. 누구보다 무엇보다 소중한 사회를 위해서 말이다.

- 공간의 재구성 : 치유적 환경 만들기, 자연을 일상에 들이기, 식물 키우기, 자연소재 사용, 햇빛과 바람을 최대한 집 안으

로 들이도록 설계한다.
- 쉼의 공간 마련 : 일상 공간 속에 조용히 쉴 수 있는 '쉼터' 공간을 마련한다.
- 생활시간배분의 재구성 : 느림과 리듬의 회복, 의도적인 느림, 빠른 소비나 생산을 지양하고, 천천히 음식을 요리하고, 책을 읽고, 사람을 만나기, 리듬 있는 생활로 수면, 식사, 운동, 휴식의 규칙적인 리듬을 회복케 도와준다.
- 인간관계의 재구성 : 공동체적 치유를 위한 작은 모임 활성화, 소규모 공동체(예 독서모임, 가드닝 모임)를 통해 신뢰와 소속감 회복, 말하기보다 '진심으로 듣는' 경청문화를 장려한다.
- 몸과 마음을 연결하는 활동 프로그램 장려 : 요가, 명상, 걷기 명상 등을 일상화하여 신체 감각과 정신적 평온을 연결, 글쓰기, 그림 그리기, 악기 연주 등으로 감정을 자연스럽게 표출하고 치유하는 예술적 자기표현을 늘리는 프로그램을 개발한다.
- 디지털 디톡스 전략 : 스마트폰 자유구역 지정하여 하루 중 일정 시간 스마트폰, 인터넷 없이 지내는 시간 확보, 꼭 필요한 앱만 남기고 디지털 의존도를 줄이는 생활습관을 만드는 디지털 미니멀리즘 생활 프로그램을 장려한다.

이러한 생활을 하면서 지속적으로 균형잡힌 생활문화를 뿌리내리도록 실천하는 사례를 도입해야 할 것이다. 치유에 관련된 우리나라의 농업정책은 농업 활동을 통해 심리적, 신체적 치유를 지원하는 프로그램으로 이뤄져있다. 각 지역에서 넓게 확산되고 있는데, 이는 농촌의 활성화와 개인 치유를 동시에 이루는 전략이다. 이러한 사례들은 치유적 생활문화가 '대단한 변화'가 아니라, '작지만 지속가능한 실천'에서 비롯된다는 것을 보여준다.

최근에 퍼져나가는 산림욕은 산책과 삼림욕을 통해 자연과 신체, 정신을 연결하는 전통이 현대적 치유문화로 부활하고 있다. 덴마크의 휘게(Hygge)라고 하는 것도 따지고 보면, 소박하고 따뜻한 삶을 통해 정신적 풍요를 추구하는 그들의 라이프스타일이자 대표적인 균형적 생활문화 모습이다.

우리는 더 이상 치유를 선택사항으로 여길 수 없다. 삶의 균형을 잃은 사회는 지속될 수 없고, 치유 없는 문화는 결국 스스로 붕괴할 것이다. 치유적 생활문화 만들기는 개인의 행복을 넘어, 사회적 신뢰, 생태적 지속가능성, 문화적 다양성 회복을 위한 필수 전략이다.

이제 우리에게 필요한 것은 작은 실천을 꾸준히 이어가고, 공동체 속에서 함께 배우고 치유하며, 자연과 다시 연결되는 삶을 살아내는 것이다.

삶의 균형을 지향하는 길은 험난하지만, 그 길 끝에는 진정한 자유와 평온이 기다리고 있다. 오늘 하루의 작은 치유가, 내일의 건강한 문명을 만들어갈 것이다.

미래의 차 생활과 산업

현대사회는 급변하며 혁신되고 차 문화도 이에 맞춰 변화하고 있다. 차의 미래가 어떻게 전개되고 전통과 혁신이 어떻게 조화를 이루며 새로운 차 문화를 만들어 갈지 궁금하다.

건강에 대한 관심이 높아지면서 사람들은 차의 건강 기능성에 주목할 것이다. 차가 단순한 음료를 넘어 기능성 음료로서 자리 잡을 것이다. 그러면 자연스레 항산화 물질이 풍부한 녹차나 면역력을 강화하는 허브차를 더욱 선호할 것이다. 또한, 바이오 기술을 활용해 특정 건강 문제를 해결하는 맞춤형 차가 개발되고, 개인의 건강 상태에 따라 성분을 조절한 개인화된 차가 생겨나지 않겠는가.

차와 기술이 융합되면 새로운 차 문화가 펼쳐질 것이다. 스마트폰 앱에 차의 온도와 우려내는 시간을 자동으로 조절할 수 있는 스마트 다도 기기가 개발되어 차를 편리하게 즐길 수 있게 된다. 또한, 증강현실(AR)이나 가상현실(VR)을 이용해 전통 다도를 가상 공간에서 경험하는 서비스도 등장할 것이다.

환경 문제에 대한 관심이 높아지면서 차 문화는 지속가능성에 더 큰 중점을 둘 것이다. 차 농업에서의 친환경 농법, 공정 무역, 환경을 고려한 차 제품이 등장한다. 재생 가능한 자원을 활용한 차 포장재, 로컬 차 농장 지원으로 차 산업에 이어 환경 보호와 지속 가능성을 우선 고려하게 될 것이다.

　차의 문화적 융합과 글로벌화는 더욱 재미있게 전개될 것이다. 각국의 전통 차 문화가 현대적인 요소와 결합하여 새로운 형태의 차 문화가 탄생할 것이다. 예를 들어, 한국의 전통 다도가 서양의 커피 문화와 융합해 새로운 음료 문화가 만들어질 수 있고, 다양한 문화적 요소를 결합하여 새로운 글로벌 트렌드를 형성할 것이다.

　차의 사회적 역할이 두드러지면서, 사람들을 연결하고, 공동체를 형성하는 매개체로 자리 잡는다. 차를 중심으로 한 커뮤니티 공간이나 차 제조교육 프로그램이 사회적 소통과 문화 교류의 장으로 활용된다. 차는 사회적 소외감을 해소하고, 다양한 배경을 가진 사람들이 함께 어울릴 수 있는 공간을 제공할 것이다.

　차 문화가 이처럼 다양하게 바뀐다면, 미래의 차산업은 어떻게 변할까?

　차 산업은 이러한 소비 변화에 대응하여 혁신적인 기술 도입과 새로운 비즈니스 모델을 통해 발전할 것이다. 스마트 차 생산으로 품질과 생산 효율성은 매우 높아질 것이다. IoT 센서로 차밭의 환경 데이터를 실시간 수집하고, AI로 최적의 관리 방법을 추천받아 생산성을 향상시킨다.

　차 산업은 환경 친화적인 생산 공정과 에너지 절감을 위해 노력할 것이다. 그에 따라 태양광 에너지로 운영되는 차 공장, 수자원을 효율적으로 사용하는 제조 공정이 개발될 수 있다. 나아가 글로벌 차 브랜드들은 각 지역의 문화와 기호에 맞춘 제품을 개발할 것이다. 예를 들어, 아시아 시장을 타겟으로 한 전통 허브 차 라인업, 유럽 시장을 위한 유기농 차 제품 등이 출시될 수 있다.

블록체인 기술을 통해 차의 생산에서 소비까지의 전 과정을 투명하게 기록하여, 소비자들은 자신이 구매한 차의 원산지와 생산 과정을 쉽게 확인할 수 있다. 이는 신뢰성을 높이고, 품질 관리에 도움이 될 것이다.

부록

차가 이끄는 시간 · 공간 · 인간

다완 다섯개, 그 쉼표들 속엔 너
마음이 먼저 젖고
한 모금에 세상이 조용해진다.

차향으로 물든 마음 : 감성을 채우는 차 생활

차 문화는 단순히 음료 소비를 넘어, 감각과 정서를 자극하고 삶의 리듬을 조율하는 문화 자산으로 기능한다. 감성자원으로서의 차는 인간의 감정, 감각, 공감 능력을 활성화하는 매개체로서, 정서적 안정과 미적 경험, 의례적 삶의 흐름을 만들어낸다. 감성자원인 차문화의 일상적 결합이 그래서 중요하다. 이러한 차문화를 일상생활에 자연스럽게 통합하는 방식은 다음과 같은 경로를 통해 실현 가능하다. 감성자원으로서의 차문화와 비언어 소통의 미학을 어떻게 접목할까.

먼저, 차는 일상의 리추얼로 기능할 수 있다. 아침의 첫 잔, 저녁의 명상차 시간은 하루의 구획을 나누며 정서적 전환을 유도하는 감정 의례로 작동한다. 차를 따르고 마시는 단순한 행위는 마음을 정돈하고 속도를 낮추는 효과를 지닌다.

그리고, 거실이나 베란다, 작은 방 안에 찻상이나 찻자리를 마련함으로써 감각 중심의 인테리어가 가능하다. 차향과 찻잔, 찻잎의 질감 등은 시각·후각·촉각을 자극하여 일상 공간을 감성적으로 변모시킨다.

또한, 차는 가족 구성원 간 감정을 공유할 수 있는 도구가 된다. 함께 차를 마시는 시간은 세대 간의 단절을 완화하고, 가족 내 정서적 안정망을 확장하는 기회가 된다. '차마시는 대화'는 대화의 장벽을 낮추는 감성적 매개체로 기능한다.

그리고, 계절과 절기를 반영한 차 음용은 감성 교육의 한 형태로 자리 잡을 수 있다. 봄의 꽃차, 여름의 우롱차, 가을의 보이차, 겨울의 생강차처럼 계절에 어울리는 차를 통해 자연과의 연결감을 회복하고, 감수성을 기를 수 있다. 이는 청소년 감성 생태 교육 프로그램으로도 발전 가능하다.

끝으로, 차는 향, 음악, 서화, 음식 등 다른 감각 예술과 융합되어 감성 산업의 콘텐츠로 확장될 수 있다. '티와 명상', '티와 드로잉', '티와 북' 등 다양한 형태의 클래스 운영을 통해 웰니스 테라피 산업으로 연계되며, 감정 치유 기반의 라이프스타일 브랜드로도 응용이 가능하다.

이러한 생활 속 차문화의 감성적 적용을 기반으로 다양한 실천 프로젝트가 가능하다. 예를 들어, 매일 정해진 시간에 차와 함께 감정일기를 쓰는 '1일 1찻자리'는 자기돌봄과 감정 정리를 돕는다. 절기별로 차, 음악, 조명을 구성해 정서를 조율하는 '사계절 차 테라피', 찻잔 사진과 감정 캘리그라피를 전시하는 '마음에 우려낸 차 전시' 등은 시민 참여형 감성 콘텐츠로 공동체의 치유에도 기여할 수 있다.

이와 함께, 차는 말보다 섬세하고 진심을 담은 비언어 소통의 도구로 작동한다. 잔을 들고 기울이는 방식, 마시는 순서, 차를 따르는 리듬, 그리고 그 안에서 발생하는 침묵은 모두 의미 있는 소통 행위이다. 양손으로 잔을 드는 동작은 존중과 집중의 표현이며, 잔을 기울여 남기는 행위는 더 마시고 싶다는 의사의 전달로 해석된다. 반대로 잔을 엎는 것은 거절을 의미한다. 이러한 몸짓은 문화권마다 세밀한 차이를 보이지만, 공통적으로는 언어 없이 의사를 전달하고 감정을 나누는 수단으로 기능한다.

차를 마시는 순서는 권위와 겸양의 상징이 되기도 한다. 전통적으로 지위가 높은 사람이 먼저 차를 마시는 경우가 많지만, 손님이 양보하는 제스처를 통해 겸손의 문화를 구현하기도 한다. 또한, 차를 우려내고 마시는 데 필요한 기다림은 단순한 시간이 아니라, 감정과 존재를 함께 나누는 소중한 흐름이다. 침묵 속에서 서로의 호흡과 손끝, 눈빛을 느끼는 순간, 차는 그 자체로 진정한 대화의 매개가 된다.

한 마디로 차문화는 감성자원으로서 일상 속 정서적 회복과 소통의 가능성을 열어준다. 현대 사회가 속도와 효율을 추구할수록, 차를 중심으로 한 느리고 섬세한 의례는 말보다 깊은 감정의 언어로 우리를 이끈다. 차는 더 이상 단순한 음료가 아니라, 인간 관계의 본질과 마음의 리듬을 회복하게 해주는 일상의 예술이다.

"차는 말이 없다. 하지만 마음을 담은 모든 대화를 들려준다."

감성자원 기반 실천 프로젝트 예시

프로젝트	내용	기대효과
1일 1찻자리	매일 정해진 시간 차와 함께 감정일기 쓰기	자기돌봄, 감정 정리
사계절 차 테라피	절기별 차와 음악·조명 구성으로 감정 조율	계절 감응, 감정 회복
마음에 우려낸 차 전시	시민 참여형 찻잔 사진 + 감정 캘리그라피 전시	공동체 감성 공유, 공감 확산
차문화 감성교실	지역센터 연계 세대 감성교육 프로그램 운영	세대 간 정서 연결, 문화적 소통 증진

쉼표 한 잔 : 차로 떠나는 여가의 세계

차 한 잔은 단순한 휴식이 아니다. 감각을 되살리는 리듬 있는 여가 전략으로 활용해보자. 차는 시간을 천천히 흐르게 하고, 내면의 서사를 자극하는 조용한 안내자다. 차를 중심으로 창의적인 여가를 구성해보자.

나이 들면서 그만 두었던 일기를 차향 일기 여행으로 되찾아 가보자. 하루 세 번, 서로 다른 장소에서 차를 마시고 감각을 글이나 그림으로 기록한다. 찻자리 자체가 나만의 예술일기가 된다.

차만큼 중요한 것이 찻자리다. 찻자리를 짓는 여행에 나서보라. 여행지에서 직접 찻자리를 구성해보며, 공간과 시간을 재해석한다. 한 장의 천, 작은 다기, 꽃 한 송이로 고요한 사유의 방을 만든다.

여기서 놓치면 안되는 일정이 찻잎 순례이다. 루트는 보성-하동 같은 차 시배지와 찻집, 장인의 공방을 연결하는 걷기 여행이다. 찻잎의 여정을 따라가며 감각의 의미를 제주도 다원 순례로 되새겨보자.

그 과정에서 꼭 체험할 것이 바로 '디지털 디톡스 + 다도 리트릿'이다. 이제 핸드폰을 내려놓고 차와 함께하는 명상, 산책, 침묵. 다실, 숲속 공간 등에서 감각을 재정비하는 체험을 즐기자.

끝으로 차 테라피 창작 캠프를 차려 운영해 보자. 차를 마시며 드로잉, 시 쓰기, 사운드 아트 등 예술 활동을 통해 감정과 창의성을 재연결한다.

이 모든 체험은 시간과 여건에 따라 1일코스에서부터 3박 4일 '차향 리트릿' 프로그램으로도 구성 가능하다. 각자의 찻자리를 만드는 마지막 날은 삶을 우려내는 의식으로 새겨질 것이다.

찻물 속에는 시간이 흐르고, 향기 속에는 내가 머문다. 차는 가장 조용한 방식으로, 우리의 일상을 다시 써 내려간다.

차로 짓는 여가의 감각 루틴 - 1일 차향 리트릿을 제안해 보겠다. 차향 리트릿으로 '감각 회복을 위한 1일 체험'은 다음과 같이 세워볼 수 있다.

대상 : 휴식이 필요한 누구나 (예술가, 직장인, 감성 고갈자)

장소 : 전통 다실 / 조용한 정원 공간 / 숲속 게스트하우스

운영 시간 : 오전 10시 ~ 오후 5시 (하루 7시간)

이 과정 진행에 대한 일정을 예시해 보면 다음과 같다.

시간	프로그램	내용
10:00	찻잔 환영식	백차와 함께 조용히 시작. 오늘의 찻말 카드 뽑기
10:30	차향 명상	한 잔의 차에 집중하며 '머무는 감각' 회복
11:00	찻잎 드로잉	찻잎, 물감, 붓으로 감각 기록
12:30	차밥상 점심	차로 만든 반찬과 함께하는 소박한 식사
14:00	1:1 조용한 찻자리	말을 줄이고 향과 기류만으로 교감하는 시간
15:00	나만의 찻자리 만들기	간단한 소품과 찻잎으로 오늘의 공간 구성
16:00	차향 나눔 & 작별 차	감상을 글로 나누고, 마지막 발효차 한 잔으로 마무리

성과로 얻어내는 결과물이 명확해야 확실한 체험 효과를 거둘 수 있다. 여기서는 나의 찻말 카드 1장, 찻잎 드로잉 1점, '차향 일기' 미니노트를 결과물로 확보할 수 있다. 또 한 차향 루틴 설계표를 성과물로 확보할 수 있으면 앞으로 일상에서 그대로 이어가는 데 유용할 것이다.

이렇게 차를 중심으로 한 치유·사색 경험에서 특별한 마음 준비가 중요하다.

우선 모든 진행은 여유 있고 조용하게 그리고 천천히 움직이는 것을 기본으로 삼아야 한다. 그리고 여러 가지의 만남이 이어지는데 차, 공간, 사람, 나 자신과 진심으로 만날 때 가볍게 스치듯 만나지 않고 되도록 깊게 마주하도록 해야 한다. 사색 체험에 충실하도록 설명보다는 체험을, 말보다는 향을 체험하도록 덜 말하고 더 많이 느끼도록 유의해야 한다. 이 특별한 체험을 영원히 자기 것으로 남기기 위해서 생각보다는 감각을, 논리보다는 마음을 남겨야 한다. 이를 위해 가급적 상세하게 기록해야 한다. 이 과정에서 차를 마시는 모든 순간은 하나의 의례처럼 대하면서 진행해야 한다.

차와 음식이 만나는 순간: 그 조화의 예술

차는 단순한 음료가 아니다. 그것은 온기와 침묵, 흐름과 결의 상징이다. 그리고 그 차와 함께하는 음식은 혀로만 느끼는 맛이 아니라, 마음으로 받아들이는 고요한 서사이자 위로의 풍경이다. 차와 음식의 궁합이란, 단순한 맛의 조화 그 이상이다. 삶을 매만지는 작은 의식이며, 몸과 마음을 균형 있게 다스리는 느린 치유의 시간이다.

녹차는 맑고 푸른 기운을 담아 입안의 여운을 정리한다. 찹쌀떡의 말랑한 단맛, 구운 견과류의 고소함이 더해지면, 녹차는 더 이상 차가 아닌 쉼이 된다. 다만 너무 찬 음식과 함께 하면 속이 냉해질 수 있으니, 차의 성질에 귀를 기울이는 지혜가 필요하다.

우롱차는 기름진 일상을 정화하는 현명한 동반자. 전과 튀김, 해산물과 어울릴 때 입안의 피로를 씻어내며, 단단한 속을 차분하게 덮어준다. 무화과와 치즈, 잣과 함께하는 순간엔 서양식 만찬의 격조마저 머금는다.

홍차는 따뜻한 감정처럼 심신을 풀어주는 차다. 다식, 건과일, 구운 뿌리채소는 홍차의 진한 향과 어우러져 마치 오후의 산책처럼 포근하다. 우유와 만나 부드러운 밀크티로 변주될 때, 우리는 차가 삶을 감싸는 법을 배운다.

보이차와 흑차는 숙성된 향처럼 깊고 묵직하다. 고기와의 조화는 속을 풀고, 찐 감자나 도라지와 어우러질 때 내장을 달래는 약차가 된다. 소화, 혈당, 장 트러블… 마치 차 한 잔이 약방의 감초처럼 우리의 생을 곁에서 도와준다.

그리고 백차. 가장 은은한 이 차는 가벼운 해독과 피로 회복에 적합하다. 찐 배, 밤, 허브 샐러드 등과 함께할 때, 차는 '가벼움의 위로'로 다시 태어난다. 말없이 곁에 머물러 주는 사람처럼.

계절별로 차식(茶食) 페어링표를 만들어 보면 다음과 같다. 차는 계절의 기운을 우려내는 그릇이고, 음식은 그 기운을 몸으로 채우는 길이다. 차와 음식이 어울릴 때, 사계절은 우리 식탁 위에 시처럼 피어날 것이다.

	차종류	음식 다식 추천	건강효과	감각 키워드
봄	녹차(현미녹차, 세작) 황차(가볍게 발효된 봄차)	쑥떡, 달래장무침, 봄나물 주먹밥, 유자청 다식	해독, 간기 회복, 기운 돋움	푸름, 생기, 새싹, 바람
여름	우롱차(청향계), 백차 아이스 허브티 (레몬밤, 페퍼민트)	오이냉국, 보리비빔밥, 메밀국수, 화과자, 귤청떡	갈증 해소, 열기 배출, 수분 균형	서늘함, 투명함, 입맛, 구름
가을	홍차(세작홍차, 다즐링), 발효 우롱 대추차, 생강차	밤찹쌀떡, 도라지정과, 단호박전, 꿀에 잰 무화과	면역력 상승, 폐·기관지 강화	따뜻함, 금빛, 잎, 적막
겨울	보이차(숙차), 흑차 진하게 우린 생강차, 계피차	잣죽, 흑임자떡, 구운 고구마, 찐 배	속을 덥힘, 순환 촉진, 체지방 분해	깊이, 온기, 정적, 사유

차 종류별로 어울리는 음식은 단지 미각의 선택이 아니라, 체질과 계절, 감정과 하루의 리듬을 고려한 '의례의 조합'이다. 녹차와 우엉강정, 홍차와 바나나 구이, 보이차와 흑임자죽 … 이 모든 조합은 입맛이 아닌 존재 전체를 위한 다스림이다.

한방의 관점에서도 이 조화는 의미 깊다. 차가운 체질은 따뜻한 차와 곡류 간식을, 위장이 약한 사람은 발효차와 죽을, 스트레스를 많이 받는 이들은 감태차와 꿀잣다식을 곁들이는 지혜. 그 무엇보다 중요한 건, '내 몸의 언어'에 귀 기울이는 일이다.

차는 혀가 아닌 마음을 먼저 적신다. 그리고 그 차를 마신 후, 어떤 음식을 받아들이느냐는, 오늘 하루를 어떻게 마무리할 것인가에 대한 대답이 된다. 진정한 궁합은, 입이 아닌 마음과 몸이 고요히 받아들이는 음식. 그것이 가장 좋은 짝이다. 우리 찻상에 놓일 그 한 잔과 한 접시가, 오늘의 삶을 조금 더 따뜻하게 감싸주기를 기대하면서…

삶의 리듬을 우려내는 내 인생의 차 한 잔 : 생애주기별 티케어 가이드

차는 단지 목을 적시는 음료가 아니라, 몸과 마음의 흐름을 조율하는 시간의 예술이다. 차는 시간의 예술이자 생애의 동반자다. 인생의 시기를 따라, 몸과 마음의 흐름에 맞춘 생애 맞춤 티케어 플랜을 짜볼 수 있다. 각 단계에 어울리는 차의 종류와 찻자리 리추얼을 정리하고, 생체 리듬에 따른 티케어의 흐름을 함께 안내한다. 우리 삶에 꼭 맞는 찻물의 온도를 찾는 데 도움을 주기 위함이다. 우리는 지금 이 순간 찻물 한 잔이 필요한 때가 있을 것이다.

유년기 (5~12세) - 향기와 함께 자라는 나이

이 시기의 아이는 찻잎보다 먼저 향기를 기억한다. 국화차, 로즈마리차, 귤껍질차 같은 은은한 꽃차와 허브티는, 감각의 문을 여는 좋은 도구가 된다. 바닥이 낮고 햇살이 드는 찻자리에서, 찻잔의 따뜻함과 찻잎의 색을 천천히 살펴보게 해주는 것이 좋다. 아이는 이 시간을 통해 세상의 부드러움을 배우고, 작고 조심스러운 예절 안에서 존중과 집중을 익히게 된다.

청소년기 (13~19세) - 떫음과 맑음의 경계에서

감정의 진폭이 큰 이 시기에는 떫고 연한 맛의 균형이 중요하다. 연두빛 녹차나 라벤더 블렌딩티처럼, 쓴맛과 향이 함께 있는 차가 좋다. 공부 전에는 집중을 돕고, 고민 후에는 마음을 다독이는 역할을 한다. 야외 벤치나 독서실 한 켠에서, 차는 내면의 파동을 정돈하는 작고 조용한 의식이 된다. 청춘의 씁쓸함은 천천히 마셔야 단맛이 된다고 차가 말하는 것 같다.

청년기 (20~39세) - 속도를 늦추는 선택

가장 분주한 이 시기에는, 오히려 '느림'이 치유다. 우롱차, 세작, 생강 블렌딩티처럼 중심을 잡아주는 차들이 좋다. 바쁜 하루 중 새벽이나 밤, 잠시 마루나 작은 찻방에 앉아 자신과 대화하는 시간을 마련하기 바란다. 차는 너무 늦지 않게, 스스로를 잊어버리기 전에 돌아오라며 우리를 기다린다.

중년기 (40~64세) - 비움을 배우는 시간

몸은 둔해지고, 마음은 복잡해지는 중년기. 보이차(숙차), 우엉차, 구기자차 같은 해독성과 진정성이 있는 차가 필요하다. 하루 15분, 아무 말 없이 찻잔을 쥐고 손의 온기를 느끼기를…. 그리고 조용히 세 문장을 써본다. 오늘 가장 무거웠던 감정, 그 무게를 덜 수 있는 말, 내일의 나에게 건넬 위로. 차는 우리를 채우지 않는다. 대신 비움을 가르쳐 준다.

노년기 (65세~) - 고요함이 향이 되는 나이

이제 차는 더 이상 위로나 회복이 아닌 '존재의 확인'이다. 백차, 감잎차, 연잎차 같은 차들은 부드럽고 잔잔하게 마음을 감싼다. 매일 같은 시간, 같은 찻자리에서, 같은 찻잔을 쥐는 일상의 반복이 노년의 리추얼이 된다. 말 없는 그 찻물 안에서, 삶의 여운은 천천히 퍼져 나간다.

생애 다도를 요약해 보면 다음과 같다.

생애 단계	차 종류	찻자리 특징	삶의 의미
유년기	꽃차, 허브티	놀이와 감각	감정 발달
청소년기	녹차, 블렌딩	집중과 정화	자기 조율
청년기	우롱, 홍차	사유와 창작	정체성 탐색
중년기	보이차, 흑차	회복과 통찰	균형과 수용
노년기	백차, 감잎차	고요와 여운	존재의 정화

한편, 우리의 몸과 마음은 24시간 생체리듬에 따라 미묘하게 변한다. 차는 그 흐름의 조율자 역할을 한다. 하루 시간대별 추천 티케어와 그 치유 효과를 정리해본다.

시간	활동
05~07시	간 해독이 끝나고 몸이 깨어나는 시간. 보이차, 생강차, 대추차로 속을 덥히고 마음을 안정시킨다.
08~11시	집중력과 사고력이 절정에 이르는 시간. 녹차나 우롱차로 카페인을 섭취하되, 테아닌의 부드러움으로 긴장을 완화시킨다.
12~14시	소화기 활동이 활발하고 식곤증이 시작되는 시간. 감잎차, 구기자차, 귤껍질차로 당조절과 피로 회복을 돕는다.
15~17시	정신적·감정적 피로가 누적되는 시간. 홍차, 국화차, 유자차로 기분을 회복하고 눈의 피로를 풀어준다.
18~20시	체온이 떨어지고 부종이 생기기 쉬운 시간. 발효 보리차, 진피차로 순환과 신장 기능을 돕는다.
21~24시	수면 유도 호르몬이 분비되는 시간. 캐머마일, 연꽃차, 백차로 심신을 진정시켜 편안한 밤으로 안내한다.

찻잎은 결국 물속에서 사라지지만, 그 향은 잔에 남아 우리의 기억을 감싼다. 우리 인생도 그러지 않겠는가. 남기기 위해 소멸할 수 있어야 하고, 의미를 위해 잠잠해질 수 있어야 한다. 차 한잔이 우리의 하루에, 그리고 생애의 길목마다 작고 따뜻한 향기로 머물기를…

찻잎의 여정 : 차 마을 사람들의 삶

우리나라의 차 생활 모습은 한국 전통 녹차의 본고장에서 엿볼 수 있다. 주로 지리산을 중심으로 한 하동, 구례, 산청 지역이다. 그리고 이 지역과 비슷한 위도상에 놓여있는 보성, 제주 등에서 잘 볼 수 있다. 우리나라 전통 차 재배와 생산은 삼국시대 이래 현재도 수작업 기반의 전통 방식이 유지되고 있다. 녹차는 주로 찻잎을 찌거나 덖는 방식으로 제조한다. 이 과정은 차의 신선함과 풍미를 유지하는 데 중요하다. 찻잎은 수확 후 바로 증기로 쪄내서 산화를 방지하고, 말린 후 선별하여 최종 제품으로 만든다. 지리산 차문화는 다례(茶禮) 중심으로, 차를 통해 예절을 배우고 마음을 가다듬는 문화가 발달하였다. 또한 명상과 차를 결합한 이 지역의 차생활 방식은 자연과 조화를 이루는 한국적 정서를 잘 보여준다. 하동, 보성 지역의 차는 글로벌 가치를 지니고, 브랜드화와 차 관광 산업으로 지역 경제에 활력을 더한다. 녹차의 항산화 및 건강 효능도 널리 알려져 있다.

중국에서는 푸얼 지역을 대표적으로 꼽을 수 있겠다. 중국 윈난성에 위치한 푸얼 지역은 대표적인 발효차인 푸얼차(普洱茶)의 산지다. 차 재배와 음용이 깊게 주민들의 일상에 녹아든 지역이다. 푸얼차는 생차(자연 숙성)와 숙차(인공 발효)로 나뉘며, 떡차 형태로 저장과 운반에 편하다. 이 지역의 다도 문화는 정신 수양과 예절을 중시하며, 차는 손님 접대와 공동체 유대의 핵심 매개체다. 또한 푸얼차는 건강 음료로도 인식되며, 지방 분해, 소화 촉진, 항산화 효과 등으로 주목받는다. 차 산업은 푸얼 지역 경제의 중요한 축이며, 관광 및 수출 산업으로도 성장하고 있다.

일본은 우지지역의 차 생활에서 특징을 찾을 수 있다. 교토부에 위치한 우지는 일본 전통 차문화의 중심지로, 특히 고급 말차와 녹차로 유명하다. 이 지역의 차 재배는 13세기부터 시작되었다. 말차 생산을 위한 차나무를 수확 전 그늘에서 기르는 방식으로 특별 관리한다. 지금 일본 전국에 퍼져있는 차노유(茶の湯)라는 전통 다도 의식은 예술성과 정신 수양을 강조한다. 말차는 중요한 행사나 접대에서 사용되지만, 차는 일상과 예절을 잇는 매개로, 사회적 소통과 정체성의 일부로 자리잡고 있다. 우지 차는 일본 내외에서 좋은 평가를 받고 있으며, 차밭 관광과 다도 체험 등으로 지역 경제에 기여한다.

영국은 콘월 지역에서 특징을 찾아 볼 수 있다. 전통적으로 차 소비국이었던 영국은 최근 기후 변화와 농업 기술 발전으로 콘월(Cornwall) 지역에서 차 재배를 시작했다. 주로 유기농 방식으로 재배되며, 녹차와 홍차로 가공된다. 영국의 대표적 차문화인 애프터눈 티(Afternoon Tea)는 차와 함께 스콘, 샌드위치, 케이크 등을 즐기는 사교의 장이다. 티 타임은 가족 간 교류, 환대, 정서적 유대를 표현하는 수단이다. 아직 산업적 규모는 작지만, 차 생산과 관광,

고급 브랜드화를 통해 새로운 지역 경제 모델로 발전 중이다. 영국산 차도 항산화와 심신 안정 등 건강 효과로 각광받고 있다.

싱가포르는 차 소비만 이뤄지는 도시국가이다. 차를 생산하지 않는 싱가포르는 차 소비와 차문화가 매우 활발하다. 인도, 중국, 스리랑카 등 다양한 산지의 차를 수입하여 현지에서 가공, 블렌딩한다. 프리미엄 티 브랜드들이 치열하게 경쟁하는 시장이다. 싱가포르의 차문화는 음식과 깊이 연관되어 있어 차는 식사와 함께 제공되거나 디저트와 함께 즐기기도 한다. 대표적인 차 문화로는 말레이계의 '차 타리크(Teh Tarik)', 중국계의 전통 다도, 인도계의 마살라 차이 등이 있으며, 이 모든 것이 다문화적인 차문화로 공존한다. 차는 친구나 가족과의 일상적인 만남에서 사회적 연결고리 역할을 한다. 최근에는 건강 트렌드와 결합한 허브차, 디톡스 차의 소비도 증가하고 있다. 싱가포르는 차 관광과 체험 산업도 발전하고 있으며, 자국 브랜드의 글로벌 시장 진출도 활발하다.

결국, 각국의 차문화는 단순한 음료 소비를 넘어 정신문화, 예절, 사회적 유대, 지역경제 등과 밀접히 얽혀 있으며, 그 지역의 정체성과 세계와의 연결성을 함께 보여주는 상징적 요소다.

함께 읽을 자료

건국대학교 통일인문학연구단(2017), 코리언의 정서소통과 통일문화, 한국문화사

권진혁(2022), 차를 알고, 나를 알다, 드림워드에스

김용오(2012), 한국의 문화와 차, 동인출판문화원

박남식, 이대섭(2023), 인문차도, 풍류를 담다, 문사철

박정진(2021), 차의 인문학, 차의 세계

박정희(2015), 한국 차문화의 역사, 민속원

박정진, 조선의 선비 차인들 ⑦ 퇴계·화담·율곡, 2012. 12. 17, pjjdisco@naver.com

박전열(2012), 남방록 연구 : 일본 다도의 원리와 미학, 이른아침

서유구 저, 조창록 역(2018), 번계시고, 자연경실

성균예절차문화연구소(2023), 공감다례, 파라북스

송재소, 유홍준(2011), 한국의 차 문화 천년, 돌베개

심재원(2024), 한국 차문화 비평, 경상국립대학교출판부

오미정(2013), 차 생활의 이해와 실천, 미누

오카쿠라 텐신(岡倉天心) 박선정 역(1922), 차의 책, 시그마북스

윤석관(2017), 차는 재미있다, 차와 문화

이기윤(2008), 한국의 차문화, 남양

정갑영(2013), 차와 차살림:생명을 살리는 우리의 차문화, 한길사

정서경(2014), 한국 차문화, 월인

정영선(1990), 한국의 차 문화, 너럭바위

조기정, 박용서, 마승진(2016), 차의 과학과 문화, 학연문화사

조은아 (2012). 중국차 이야기. 살림.

주영애(2011), 세계의 차문화, 성신여자대학교출판부

農林水產省, 茶業及びお茶の文化の振興に関する基本方針, 令和2年4月

お茶の振興に関する法律, 平成二十三年法律第二十一号

차(茶), 예술을 마시고 문화를 우려내다

초판 발행 • 2025년 8월 20일
2쇄 발행 • 2025년 9월 10일

저　　자 • 이흥재

발행인 • 한은희
편　　집 • 조혜련

펴낸곳 • 책봄출판사
주　　소 • 경기도 고양시 덕양구 통일로 1276-8 (킹스빌타운 208동 301호)
　　　　　서울 중구 새문안로 32 동양빌딩 5층 (디자인 사무실)
전　　화 • (010) 6353-0224
블로그 • https://blog.naver.com/anjh1123
이메일 • anjh1123@nate.com
등　　록 • 2019년 10월 7일 제2019-0000156호

• 책값은 뒤표지에 있습니다.
ISBN • 979-11-992516-2-5 (03030)